程大洲 著

倫敦大學教我的 13個逆轉心理學

這樣轉進人生勝利組

Part1

如何鍛鍊越挫越勇的信心？

CONTENTS

Part4

22K逆轉勝

CONTENTS

Part5

夢想的搭建，建構人生拼圖

推薦序

拔起你的腳，勇敢向前奔

李晶玉

我相信，上帝創造每一個孩子，都有祂的旨意與計畫，只是現今，智育當道，考試定終身，父母又得同時工作才能維持家計，導致家庭功能失能，讓很多的年輕孩子缺乏引導，又沒有特定目標，不知道該從哪裡努力、從哪裡著力，所以，只好去找一些很虛幻的成就感，可能就會沉淪菸、毒，或是朋友的假性義氣之中。

在我採訪大洲的過程中，我看到很多人其實跟大洲一樣，人生好像不是天生我才必有用，是天生有才，但是真的不知道要用在哪裡。

我記得大洲在節目中提到，當他在讀經的時候，有一句話打中了他，那就是：「你很有潛力。」這句話的肯定，似乎打開了他靈魂裡的一扇窗，讓他看見原來自己內在已經有這麼多的寶藏，於是，他給自己一個機會，展開了一趟求學之旅。我相信他看到了上帝給他的一份藍圖，也喚起了他內在的力量。

非常開心大洲把自己的心境轉折化成文字，鼓勵更多在迷茫之中的年輕人，希望你可以跟大洲一樣，朝著自己的方向，拔起你的腳，勇敢地向前直奔吧！

推薦序

創造生命中的感動時刻

法國羅奇堡家居亞太區域經理　蔣秀美

生命中有些令人屏息的時刻，那是種讓人既喜悅又想哭，但又深怕掉下的眼淚會模糊視線的複雜心情。而二〇〇八年的三月十八日，參加大洲的畢業典禮時，我正經歷著那一刻……

我坐在前排貴賓席的右側，心跳逐漸加快，大洲坐在前排的畢業生預備席，不斷回頭搜尋我跟他大弟安志的座席，然後心領神會地一笑。當司儀宣布全體來賓及畢業生就座時，我的心微微顫抖，手心也不自覺地出汗，彷彿自己也是這群倫敦大學碩士班畢業生的一分子，心中激動得不能自已。

當每位身披長袍的榮譽教授們一一被邀請列席於頒獎台時，我的意念不禁飄向那不久前的回憶……

記得初到倫敦時，我們天眞地以爲能夠在半年內申請到學校，在兩年內學成歸國，然而現實中的種種困難卻讓大洲硬是花了雙倍的時間才完成學業。這中間幾次面臨英語及文化上的挫折，讓一個大男孩蛻變成一位願意承認自己不足而流下淚，但還是不忘咬著牙爲夢想堅持的男人。

有一回，當大洲還處在努力克服語言障礙的階段時，嚴重的挫折感讓他心情相當低落，甚至一聽到自己練習口說的錄音就想把錄音機給摔出去……而那時我也因工作感到心力交瘁，健康亮起紅燈，尤其過敏狀況十分嚴重。貼心的大洲不忍看我飽受折磨的樣子，於是我們某天深夜散步時，他輕聲地對我說：「不如我們放棄吧……我不忍心看妳那麼辛苦……」我一聽，淚水立刻撲簌簌地掉了下來。還記得當時我問他說：「難道我們一切的努力就要這麼結束嗎？追逐夢想不就是得付出代價嗎？」於是我們決心要努力到不留一絲遺憾的地步，這也可以說是單純的執著吧？我想那時我相信他的程度，也許超過他當下對自己的信任也說不定。

如今，我有這個榮幸坐在台下見證著他的努力及感謝身邊所有間接、直接幫助及激勵我們的人。我想到了一些遠在台灣的親友、遠道來倫敦探望我們的朋友、我們在英國結交的好友，甚至還有自願不支薪固定來家教的英國朋友等等。這一切的喜悅絕非只屬於我跟大洲兩人，更重要的是，我們家的第三號成員William，我們親愛的兒子，此刻也在我的肚子裡一起參與爹地生命中的重要時刻！或許是懷孕的關係，也或許是想起這一路的辛苦顛簸，在典禮上，我的情緒起伏很大。直到聽見Joseph Chen的名字被唱名時，我才回過神來，驕傲地看著眼前這個抬頭挺胸、邁出大步的男人（也是個父親了），眼眶早已溢滿了淚水，難掩激動與驕傲之情。典禮後，大洲把禮帽往我頭上一戴，笑著說這份榮譽要與我一同分享！

我認爲，能夠相信別人、並且能將對方原來有的自信再加持、陪伴他一起走上夢想的道路，是一件很幸福的事。而身爲被他人信任、仰賴，並不斷從中擷取能量，甚至發揮自己天賦的那個人也很幸運。有時，我們是前者，但更多時候，我們或許是不自知的後者。

由於大洲所學的專業是心理學，而我們又非常注重溝通及分享，所以在英國的那段期間，我感覺自己也好像在跟他一起念書似的受益匪淺。

在大洲念了無數心理發展學理論，並且成爲華人在英心理協會的諮商師後，我們體會到，某些特殊的心理狀況，或是心理患有疾病的人所提到的一些負面思想，其實就連一般人也常會產生類似的念頭。嚴格說起來，沒有人的心理狀態可以堪稱是完全穩定的，若是不正常的消極念頭過多，很可能會對人造成巨大的負面影響，無法表現出該有的正面反應。而大洲寫這本書的目的，就是希望能藉由探討一些激勵故事中所出現的心理效應，幫助讀者找到自我內在原有的正向心理動力，進而創造出生命中的無限可能。或許下一個屬於你的感動時刻就發生在不久的將來……

作者序

逆轉人生低潮期，躍入勝利人生

很多人說成功沒有捷徑，但是我相信成功是有方法的。

然而，到底何謂「成功」？我們該如何定義「成功」？其實每個人心中的答案都不太一樣。許多學生覺得所謂的成功就是考試考得比別人好，在班上名列前茅。出了社會的青年覺得當上主管，月入豐厚就是成功。等到年紀再大一點，「有錢有名」就成了成功的標記。等到更老一些，或是看看那些過了六十歲的人，他們也許會告訴你，所謂的成功就是擁有健康的身體或美滿的家庭。其實成功的定義眞的是見仁見智。

即便「成功」的定義很籠統，但畢竟很少有人生來就是「人生勝利組」的一員，而現在檯面上或螢光幕前被大家歸爲「人生勝利組」的人們，其實大多都有段不爲人知的逆轉故事，因此，我們不講成功學，但是我們要講的是，面對挫折時，讓我們「逆轉未來的能力」。

那什麼叫做逆轉未來的能力呢？接下來，就讓我以親身經歷爲例來說明，看能不能對你有一些啓發。

我從小就不愛念書，到了國中後更是被分發到了後段班，想當然耳，升學對我來說實在挑戰。果不其然，國三畢業後考高中那年，就因爲分數極差，沒有學校可以念，於是，進到了國四班整整重讀一年。

預備了艱辛的一年，又因爲不想繼續讀高中三年只爲了未來考大學，於是選擇了專科，希望以後再也不用考試。沒想到好不容易考上了德明商專，卻因爲實在太混，考試都不及格，第二年學期末就因三分之二學科不及格，被勒令退學了。

你覺得我會不會被嚇到，從此記取教訓？其實並沒有！當時的我根本沒想那麼多，只是在想，是否可以轉學到其他比較輕鬆的學校繼續讀，好歹也念個畢業。於是，透過轉學考，考到了另外一所工專。這間專科確實輕鬆了些，但是該面對的還是要面對。一個學年後，我因爲上課時數未達最低標準，又被勒令退了學。一次學退、一次操退，兩次總該嚇到了吧？嗯，眞的是有那麼一點了。

但是，就那麼一點點而已。

我心裡在想的是，算了吧，專科五年也太長了吧，不如混一所高中畢業就好了，反正以後搞不好想通了再念大學也不遲，就這樣，已經十九歲的我，騎著車到台北市一間間私立高中詢問，看看有沒有最後的機會。炎熱的八月天把我晒得頭昏，閒晃了一整天，來到靠近南港的祐德高中，見到了教務主任，仁慈的教務主任決定給我一個機會，甚至把我放到資優班。等一下，資優？這是我從來不曾聽過或發生在我身上的名詞，你確定？教務主任也不多說，就讓我進了二年級，要我兩年後拚拚看能夠上什麼大學。不要開玩笑了，上大學？我眞的不敢想那麼遠，兩年別再被退學就很不錯了，既然有了機會，也就準備註冊，想不到，竟然出現了可能無法就學的窘境。

當時的我將近二十歲，教務主任查了當時教育部日間部入學的最低入學年齡爲十九歲，超過就必須要讀沒有年齡限制的夜間部補校。但是我眞的不願意念補校啊。結果電詢教育部後，剛好我是十月出生的，學齡上屬於下一屆，於是，就在一陣驚險中，終於註冊完畢。兩年後，正要滿二十二歲的我，成爲當時全台灣最老的日間部畢業生，一般人二十二歲時已經大學畢業了，我比班上同學的平均年齡大了整整四歲。

有想比較通了嗎？好像也還沒有。

高中怎麼畢業的？感謝仁慈的教務主任。

後來有考上大學嗎？你說呢？當然沒有！

就這樣，我入了伍，當了兵，退伍開始找工作後，才發現學歷不高竟然會這麼難找工作。

第一次，有了那麼一點點惶恐。

「可是，管他的，學歷高了不起嗎？」當時的我眞的是這麼想的。「親戚中幾乎每個都比我會念書，那我一定就要跟他們比較嗎？」年輕的我眞的一點感覺都沒有，卻也急死了父母親。

所以，你相信嗎？十年後，三十二歲的我，正準備攻讀一所擠下哈佛、牛津、劍橋等名校，躍升成爲教育界世界排名第一的教育學院之碩士學位。這次，我不只眞的順利畢業，取得了英國倫敦大學教育學院心理碩士學位。畢業後，甚至還順利在倫敦找到了正職工作，取得高技術移民簽證，期間還曾獲得外交部報導、英國國家廣播電台（BBC）專訪以及倫敦區最佳團隊經理人等殊榮。旅居英國七年後，舉家搬回台灣，除了成爲培訓超過數百家頂尖公司的專業企管講師之外，也是Apple、facebook、微軟、華爲等頂尖企業指定之英國優勢測評Strenghthscope®的台灣首席國際分析師。同時，也爲《親子天下》撰寫專欄及獲邀受《眞情部落格》專訪，以及擔任《幸福來敲門》等節目嘉賓。

從教育的邊緣人到世界第一教育學院的碩士畢業生，常常有人問我：

「你到底是怎麼做到的？」

有些人認爲我實在幸運，但是，我發現這一路走來，除了要感謝許多的人之外，原來我自己也不自覺地運用了許多心理效應，一直到讀了心理系所才恍然大悟。這些心理效應不只幫助我成功念到碩士學位，戒菸成功，甚至娶到心目中最心儀的女孩子。當然，最重要的是有機會認識上帝，堅定的信仰絕對是人生突破最重要的關鍵之一。

不只如此，在我的課堂上，有許許多多的人也因爲開始懂得運用這些奇妙的心理效應，成功地突破了人生的許多困難與瓶頸，逆轉成勝。在書裡面，我也盡量忠於原味地寫了一些下來，希望能夠對你也有所助益。

PART 1

如何鍛鍊越挫越勇的信心？

實現三十歲的生日願望

我們都聽過許多人的願望和夢想。三十歲，似乎是個即將邁向成熟，但又對人生帶點不確定感的階段。孔子所說的三十而立，對我們這個世代來說似乎已經很遙遠了。

你三十歲時許過什麼生日願望？或是說，你想要許什麼願望？

過去我聽過許多願望，像是升遷、加薪、交到男女朋友、結婚、買一輛好車或特別的禮物送給自己，還有想要出國旅行、買房置產，還有再學一技之長……各式各樣的願望。願望沒有貴賤，沒有好壞，重點是這個願望會對你產生什麼長遠的影響。而你，是否眞的相信它會實現？

✷許願，透露出內在的深切渴望

三十歲生日當天，太太秀美爲我精心安排了位於東北角海岸翡翠灣附近的飯店住宿，房間坐落在較高的樓層，可以遠眺基隆嶼。吃完午餐後，我靜靜地坐在陽台前，開始寫下我過去連想都不敢想的生日願望。

「寫了什麼願望呢？」秀美好奇地問。「是想要買什麼特別的禮物嗎？還是想要做些什麼決定呢？」

「我……我想要出國念書。」我說得有點不大篤定。

「是喔？爲什麼突然想出國念書啊？」

「其實也不是突然的決定啦。還記得我們兩個月前去到美國看大弟安志嗎？」

「當然記得啊，是他建議你的嗎？」

「也不完全是，但總覺得他很勇敢，讓我也很想試著突破看看，妳覺得呢？」

「當然好啊，如果你有信心，我也不會擔心。」話說完，秀美輕輕地給我一個溫暖的擁抱。

就這樣，許了願望，吹了蠟燭，出國念書的夢想就眞的能夠實現嗎？什麼時候才能存到足夠的錢？有學校願意接受我空中大學的學歷嗎？英文很破的問題又該怎麼解決？這個看似遙不可及的夢想，到底要過多久才能成真？

十月的生日願望一許完，接著我便開始思考如何使它成眞。說實在話，我根本沒時間去想不會發生的可能性，說穿了，就是完全不去考慮會被學校拒絕、朋友勸退甚至家人懷疑的聲音。

所以，我接下來就開始專心研究要去哪個英語系國家、學校什麼時候可以入學、如何申請助學貸款、如何通過語言學校的測驗以及雅思或托福等英語考試。此外，我也每天不斷地向上天祈求，加深自己要出國的信心。

英語系國家中，到底該選擇去美國還是英國，其實也是一大難題。去美國的話，有大弟安志在那裡念書的地緣關係，可以更快熟悉當地，加上台灣比較習慣美式系統，看起來美國似乎是比較好的選擇。英國呢，好處則是因爲秀美曾經在法國待過兩年，比較熟悉歐洲的文化。此外，我想修習的心理學，又以佛洛伊德曾經待過的英國倫敦馬首是瞻。

再次強化著正向的思維，傾聽著內心微小的聲音，加上想出國突破自我的強烈內在動機，於是，我決定選擇前往英國就讀。

✻外在的刺激，是加強決心的催化劑

在決定要去哪一國前，其實也有不少來自外部的靈感，讓我也覺得英國似乎是比較好的選擇。

譬如說，那時候剛好買到一本台大教授張文亮的著作，書名是《弟兄相愛撼山河》。該書描述十九世紀初時任英國上議院議員的威廉·威伯福斯解決黑奴問題的經過。他發動了一場沒有流一滴血、不費一兵一卒的人權戰爭，讓英國政府決定取消黑奴制度，還給黑人基本的人權保障。

同時又看到電影《奇異恩典》，也是在描述英國解放黑奴的故事，讓我心馳神往那種自由的氣氛。還有，當時有位從英國出差回來的朋友把他用剩的十幾塊英鎊全部送給我當禮物，雖然不多，但是也讓人覺得相當奇妙，似乎這一切的一切都在「暗示」我，其實自己比較屬意英國，和英國比較有緣分。

想不到，夢想與實踐的距離，就只相隔了兩個月。

二〇〇四年的十二月二十八日，我和秀美坐上了前往英國倫敦的飛機，十六個小時過後，走出機艙，我們踏上了英國的土地，呼吸著跟東方完全不一樣的空氣。這一待，就是七年之久。

而這樣的一個決定，和四個月前我與大弟安志的那次會面，有著相當大的關聯。

✷越是受限，越有逆轉的動力

二〇〇四年的八月，由於工作的關係，我得到一個特別的機會，參加了一場於美國西雅圖召開的國際會議，途中順道去探望了當時正在德州大學攻讀碩士的大弟安志。

安志對我來說是個很特別的人物，從小在家裡就是比較喜歡念書的那一型，戴著厚厚的眼鏡，對每一件事情都有著追根究柢的精神。也由於這樣，親戚們都戲稱他為小博士，沒想到碩士畢業後，他真的一路攻讀到博士學位，現在已經在芝加哥的德堡大學擔任心理學系的教授。

但是，爲什麼我會說他很特別呢？

國中二年級的一場病變，讓他患上與名作家劉俠女士一樣的疾病——類風濕性關節炎。這種疾病會導致手腳關節腫痛，行動越來越不便，每個月所服用的藥物，大概是普通人一輩子都不會吃到的劑量。記得某天晚上就寢前，看到安志一口氣吞服了十幾顆藥丸，配著水費力吞下去的樣子，我的眼淚也跟著在眼眶裡打轉。誰捨得眼睜睜看著自己的家人被這種疾病折磨，而且還不知道有沒有醫好的可能。

然而他最特別之處並不是他的疾病，而是他異於常人的毅力與堅持。

我們在德州停留的短短幾天裡，安志不僅能夠開車帶著我和太太以及小弟到處旅遊，甚至連吃飯的分量都比我們還要多，讓我們看在眼裡深感欣慰。尤其他在就讀德州大學奧斯汀分校時，一路以來都是靠著貸款和努力在圖書館打工所累積而來的錢供自己讀書，令我感到欽佩之餘，也被他的行爲深深激勵。

✷將意識化為行動

在我們要離開德州的前一天早晨，安志開車帶我們到他家附近的一間湖畔咖啡廳坐坐。咖啡廳的腹地不算太大，但是卻有著一片延伸到湖中央的木質地板。此外，它的特色在於整棟都是早期的木造建築，打開門就可以聞到一股湖水與木質建築混合的清香之氣，非常舒暢。

服務生一路帶領我們到最靠近湖心的地方坐了下來，我們就這樣倚靠著欄杆，靜靜地看著水面的漣

我和安志暢聊的咖啡廳

漪一波波散開，好不愜意。咖啡還沒送上，我就有了第一次近距離跟安志聊聊的機會，了解到底是什麼樣的勇氣，讓他能夠下定決心隻身來美國學習。這是他來美國幾年後我們第一次面對面暢談。

安志：「其實一開始也沒你想的那麼偉大，只是想說在台灣，不管怎麼考都很難進入理想的學校，畢竟自己也不是很擅長考試的人。」

我笑了出來：「你不擅長考試？那我怎麼辦？」

「話不是這樣說，基本上以台灣的教育制度來看，如果你要一路往上念到碩士、博士，就得不斷通過考試，而且還要考很多不相關的科目，例如國文或三民主義等。」

「這我可以理解，但難道美國就不用考試？他們不是考更多，而且還要考托福之類的英文測驗？」

「當然，英文能力是必須的。但申請研究所的話，就不用像台灣考那麼多科，而且每個科目都要拿到高分。以我有興趣的學系來說，光考試就要四到六科，書都不知道要讀多少本，更遑論之後還有口試什麼的，測驗一堆。」

安志接著說：「美國比較著重你過去的學習成績和課外活動表現，因此能更全面地審視你的能力，而非只靠考試定生死。」

「聽你這樣說我就比較能夠了解了。所以你當初是怎麼申請上的呢？」雖然曾經聽安志講過，但我還是想再確認一下。

「基本上，我以前在台灣念輔大的時候成績還算不錯，也參加過許多課外活動，還有到外面實習的經驗，這些都讓我在申請美國研究所的時候加了不少分。此外，我在準備英文測驗時也很有系統地練習。所以如果英語能夠得到高分，通常就有機會申請到很好的研究所，這些研究所都是世界級的，在我們台灣是很難以想像的學術地位。所以我覺得我這輩子一定要給自己一個機會拚一下，不試試看怎麼知道自己行不行？」

雖然覺得自己很像記者般不斷地追問他，但是他的回答也讓我陷入沉思。

「你知道我只有高中學歷，這幾年也才終於有機會念到空中大學，只因爲它是可以免試入學的？」我幽幽地說。

「我當然知道，不過你要對自己有信心，沒試過怎麼知道行不行？」安志接著說：「有去試，至少給了自己機會，不去試，是連機會都沒有啊！」話說完，他豪邁地把剛送上來的咖啡一飲而盡，彷彿這一切都是那麼地輕鬆自然。

其實對一個二十二歲才從高中畢業的連續輟學生來說，讀大學已經算是遙不可及的夢想了，更何況是出國念書，至於碩士學位，那就更別提了。回到台灣後，我爲此失眠了好幾夜，隔沒多久，我就邁入了三十歲生日，許下出國留學的願望。

沒想到，我眞的在許完願的一百天後，成功踏上英國的土地，實現了我的留學夢。

逆轉心理學：認知行為理論

✷內在動機，突破極限

強烈的內在動機（intrinsic motivation）往往能夠讓人突破極限，更上層樓。而許下生日願望的傳統方式則不失爲化動機爲動力的一個好方法。在一般教育體制下，我們常常會看到許多名列前茅的學生拿到書卷獎、市長獎，甚至是國際級的大獎，這種正向的激勵如果運用得當，往往可以刺激許多優秀的人繼續往上爬。然而，如果只是資質一般，或是相對沒那麼優秀的人呢？只有一般的內在動機，還是不足以構成逆轉的效果。

心理學中著名的認知行爲理論裡，強調人的改變不只是要在認知上有自覺意識（conscious），同時還要能夠將意識轉化成行爲。

- 首先，不要怕說出你自己的夢想，而且要有勇氣讓越多人知道越好，也就是要把夢想公開化。
- 接著，找到一個願意陪伴你或是鼓勵你的正向夥伴，或是盡可能不斷尋求相關的外部刺激。除了要從內部產生信念，人還是需要從外部獲取力量，才會相得益彰。
- 最後，確保接下來你所做的每一個行爲和行動，都要和你的夢想有關聯性。

假設你想要減肥，但又怕失敗，那就自己默默地減就好了，反正失敗也沒人知道。但是如果有很強烈的渴望想要減肥成功呢？那強化內在動機並轉化為外顯的行為就變得非常重要了。

在我去培訓的公司裡，有位學員的分享讓我印象深刻。他說他曾經因為過胖，身體常常出現各式各樣的病痛，讓自己跟家人都深感困擾。那次，我們聊到了他的女兒，他說他真的很希望健健康康地看到女兒結婚，並且能夠牽著女兒的手走過紅毯，說著說著，眼眶還紅了起來，看得出來他們感情真的很深。結果說完沒多久，他就很認真地跟我說他真的很想要減肥。聽了認知行為理論後，他決定要跟周遭所有的人宣告他要減肥的決心，雖然不見得每個人都相信他辦得到，但他是真的想要證明給大家看，尤其是他女兒。

接下來，就要找那些正面的、支持你的夥伴，以及更多的外部刺激來強化自己的內在動機。除了找到願意跟他一起運動的夥伴之外，他也決定每減一公斤就要給自己一個獎賞，目標是希望在六個月的時間內減下十公斤，並且能夠保持下去。

還有，他所做的每一件事情都與減肥脫不了關係，例如跟同事聊天的話題、吃外食需要注意的餐量、避免油炸的食物、看更多關於飲食方面的書籍……果然，他在將近六個月的時間內，靠著運動和飲食控制，養成了良好的生活習慣，順利減下了人生的第一個十公斤！我甚至發現，一個人能夠減肥成功，找回的不只是健康而已，更是自信心建立的開始！

沒有人相信你，學會跟未來賭一次的勇氣

從八月跟大弟安志聊完，到十月生日許下出國願望，最後在同年的十二月二十八日踏上英國倫敦的土地，其實前後也才不到幾個月，真正開始規畫出國的時間甚至只有七十七天，要怎麼樣達成這看似不可能的任務？

雖然當時已經沒有負債了，但真要存到出國讀書的龐大旅費，其實還有很大段距離。以倫敦的消費水準來說，在市中心一間約十坪的套房，月租價格都落在台幣六萬上下。如果是大學的宿舍，平均每天約二十五鎊，以當時歷史高點的匯率 1:65 元來看，一個月也要將近五萬元台幣，加上一年的交通費及伙食費，沒有準備個五十到一百萬，大概很難生存得下去，而這一切還不含額外的娛樂費用。

學費則是各校不一。最貴的商學院、醫學院，學費要價兩萬多到四萬英鎊之間，最便宜的也要一萬五千元上下。所以，我們粗估了一下，要在倫敦

生活一年，大約要有花費台幣近兩百萬的心理準備。

什麼？兩百萬？如果我們眞的精算成那樣，大概國門還沒踏出，心裡就先打退堂鼓了。加上沒有富爸爸、貴媽媽作後盾，甚至也沒有什麼存款，所以我們一切都得靠自己打點。

一般來說，大目標最好要拆解成小項目來執行，每個小項目的成功可以積累更大成功的信心。與其規畫長遠的目標，不如寫下短期的計畫讓人更有落實感。完成了短期計畫，你才會眞的感覺到長期目標實踐的可能性。

「老婆，你覺得我們把全部的家當都賣掉，大概可以値多少錢啊？」許完願後，我試探性地問秀美。

「嗯，反正房子是租的，裡面的東西如果全部賣掉，連魚缸都有人要認領的話，大概可以有五萬塊吧？」

我：「喔，五萬英鎊嗎？」

她：「不！是五萬台幣！」

「呵呵，那兩張去的單程機票應該有了。」我無厘頭地笑說。

「那把我們那台小 March 賣掉，應該有兩張來回機票了吧？」秀美不改認眞本性，繼續想著出路。

「那不錯啊，至少有去有回了，哈哈。」我則是繼續做我的夢。

「那生活費怎麼辦？」秀美問。

「那我們就打工遊學吧！」看來我眞的是很搞不清楚狀況，連英文都不行的我，還肖想要打工遊學？秀美只是沒有當場戳破我罷了。

「可以啊，你想做什麼呢？」秀美乾脆跟我一起無厘頭下去了。

「我？嗯，我也不知道耶。」就這樣，當幻想碰上現實時，激盪出的不是美好的火花，而是退潮後就消逝的浪花。

偏偏我當時也還沒有任何大學的正式入學許可，所以也不可能申請助學貸款。加上英文很破，所以我前面一年其實還需要念語言學校，得想辦法先通過雅思英語測驗再說。

很短的時間內，秀美就找到了倫敦市中心一家語言學校可以讓我註冊半年的課程，並且拿到學生簽證。理想的狀況是，如果我可以在半年內通過雅思考試，那麼年中就可以入學研究所，這樣一來我兩年內就可學成歸國，不用每年燒那麼多錢。

但是，理想歸理想，現實歸現實，我發現計畫永遠趕不上變化，變化永遠超乎我們的想像。

況且語言學校的學費也要價不斐，以我們當年六個月全天制的語言學校來說，外加雅思考試衝刺班，好一點的學校一週要價兩百英鎊，二十六週下來就要將近三十萬台幣。什麼？三十萬？這倫敦到底是個什麼樣的地方啊？可是想想，雖然在台灣補英文絕對不會那麼貴，但是，就憑我駑鈍的資質，大概補個十年都沒有成效吧？

「老婆，你對我有信心嗎？」有天晚上我坐在餐桌上認眞地問著秀美。

「有啊，我從來沒有懷疑過你的能力。」

「我今天去找了五個好朋友聊天，其中四個都很支持我，有一個則勸我不要浪費錢了。」

「哦？是嗎？你覺得呢？」秀美好奇地問著。

「我覺得他說的也沒錯，沒錢、沒語言能力、沒學位，看似樣樣都沒有。」我也有點挫折了，我繼續說：「而且他也覺得要出國念，不如在台灣念就好了，何必一定要執著於國外學歷？」

「嗯，話是沒錯。不過，難道你的夢想就這樣被澆熄了？」

「當然不是。雖然看起來有好多的不可能，但是，如果這是我三十歲生日最重要的願望，我人生的最後機會，我一定說什麼也不願意放棄！」我頓時雙眼有如武士要出征般閃爍著烈火。「況且還有四個人持正面的態度呢，只是他們也不太相信我眞的做得到啦。」只好再次自我嘲解一番。

當時，連我父母親都認爲有一份穩定的工作做一輩子就很好了，出國的不確定性太高，就不要貿然嘗試了。況且我一直以來都不是很會念書的那一型，父母自然也不敢寄予厚望。

其實也沒錯，我曾經是一位說到讀書，連三十分鐘都坐不住的人。

✷讀書考驗耐力與定力

由於眞的想要突破讀書的定性，於是我去請教了一位非常會念書的朋友尙文。過去的我不擅長讀書，常常讀到一半就想要打瞌睡，而他則是從小到大幾乎都是第一名畢業。對我來說，他是我從來不會有機會交往到，一位不可多得的朋友。

他跟我說了一句出現在電影《無間道》裡，在當時很紅的一句話：「出來跑，遲早要還的。」他鼓勵我好好養成念書的習慣，過去不曾經歷過的讀書時光，現在可以努力補回來。

「那你以前都怎麼念書的？」尙文問。

「怎麼念書？不就一本書拿起來一直念嗎？但是我就是坐不住啊。」我無奈地說著。

「那你坐不住時會想要做什麼？」尙文繼續追問。

「就起來走走，也不知道要做什麼。」

「你最久坐在書桌前有多久呢？」

「大概三十分鐘吧，印象中沒有比這更久的了。」

「那沒關係，不如我們找個時間一起讀書如何？」尙文接著說：「也許我能夠幫上些什麼忙，你也可以近距離看看我是怎麼讀書的。」

「當然好啊，能夠跟你這種資優生一起學習，我高興都還來不及呢。」

於是，我們就約好週末要一起讀書。

尙文家有一個溫馨簡單的書房，裡面擺了滿滿的書，一看就是很會念書的人。想想，我從小到大沒什麼像樣的書架，更遑論要擺上什麼書了。

「所以，我們要怎麼讀呢？」我興奮地問。

「就這樣你一本，我一本，我們一起坐在書桌讀，看誰能夠撐得最久不離開座位。」尙文一派輕鬆地說。

「好啊，就試試看吧。」

就這樣，我從書架上取了一本我覺得我可能比較會有興趣的書，從第一頁開始讀，但是，果不其然，不到三十分鐘我就想站起來了。

「去洗把臉吧。」尚文認眞地說著：「回來後我們再來討論讀書的事。」

「嗯，好的。」我舒展一下筋骨，覺得自己應該可以奮戰更久，很快地又坐了回去。

「其實，重點不在讀書的方法，而是你需要知道自己爲什麼而讀。」尚文說。

「爲什麼而讀？」我心想長這麼大，我還眞的沒想過這個問題。

「如果你只是爲父母而讀，自然不會持久。」尚文頓了一下，又說：「但是，如果你是爲了成長、爲了突破自己而讀，你自然會有內發的強烈動力。」

這對我來說有點玄。「問題是我根本是不會念書的人啊。」我說。

「你當然能夠念書，只不過以前的你沒有意願讀書，只想玩樂。而現在的你則有想要成長的動機，要不然你爲什麼要找我教你念書呢？」

「也是啊，已經退伍、工作了，只有高中學歷眞的讓我處處碰壁，這次我是眞的很想要改變。」我有點慚愧地說著。

「別人能幫你的都很有限，重點是你相不相信自己眞的能夠突破這三十分鐘的魔咒，找回爲自己念書的動力。」尚文說。

說實在的，長這麼大，過去眞的很少有這樣的朋友鼓勵我。一直以來我都只想當大哥，只想玩樂，這種認眞讀書、認眞看待生命的人，在我的朋友圈中幾乎是零。

跟尚文的週末閱讀結束後，我暗自告訴自己：「我要去念空中大學，我要突破自己，他都對我有信心了，我又怎麼能夠放棄？」

逆轉心理學：期望效應

✷從心開始，重新開始

其實人內心的力量眞的是很強大，如果你眞的相信自己可以成就一件有意義的事，並用積極的態度面對未來，你將發現有許多不可思議的事情會慢慢發生，幫助你達到夢想。

除了我在下一章會提及的天助自助吸引力法則之外，心理學中著名的期望效應（亦可稱爲皮格馬里翁效應或比馬龍效應），對於我出國前的準備也扮演著相當重要的角色。

有個希臘神話故事是這麼説的：

古希臘賽普勒斯國王一直認為希臘婦女的美是所有國家中獨一無二的，也常常在想怎麼樣能夠讓這個美能夠流傳下去，左思右想始終不得其解。有一天一位大臣建議他，何不找一位雕刻家來雕塑一尊最能夠代表希臘婦女的雕像，這樣不就能夠讓這種美流傳千古了嗎？

國王覺得這個想法相當有道理，於是立刻就找了國內最知名的雕刻家皮格馬里翁來打造這個雕像。

皮格馬里翁領受了國王的命令後，經過數個月不眠不休的白日夜晚，終於不負使命完成了雕像，他自己也非常有成就感。但是就在要交給國王的前一個晚上，他越是端詳這個婦女雕像，就越發欣賞這個雕像的美。

於是他竟突發奇想：「這樣的美女如果能夠成為真人那該有多好。」但是他也知道這樣的期望很不切實際，畢竟只是自己雕琢出來的雕像而已，怎麼可能成真？

這樣的想法讓他很困擾，於是他決定到花園走走散心，希望能夠讓自己更放鬆一些。當晚的天氣出奇地好，月亮高高掛在天上，微風徐徐吹來，皮格馬里翁卻越是心煩，花園、雕刻室來來回回地走上好幾回，還不時跟那尊雕像說話，期望會有奇蹟發生。

於是他就跟掌管愛情的維納斯女神祈求，希望這雕像能夠變成真人，讓自己能夠跟這雕像長相廝守。結果愛神維納斯被皮格馬里翁的真心所感動，就將這雕像變成真的女孩，讓他可以跟這雕塑美女遠走高飛。

皮格馬里翁的美夢竟然成真了。

✷皮格馬里翁效應

這當然只是個神話故事，而不是眞實的人生劇情。但是近年來開始有學者在研究是否可以將這樣的神話故事應用在教學裡，甚至到企業裡使用。

首先，他們在加州找了間當地的小學，然後讓研究人員先行測試學生的個別智商，最後再隨機抽出百分之二十的學生作爲實驗組，然後告訴幾個隨機挑選的教師說這批學生是「資優兒童」（其實這些學生的智商只是一般而己，但是只有研究人員知道）。在學期末了，研究人員再度爲這些實驗組學生測試智商時，竟然發現其平均智商增長率明顯高於其他一般的學生。

爲甚麼本來僅是平均資質的學生，被點名爲資優兒童後，智商發展會突飛猛進呢？

原來是由於教師們會對這些被標注爲「資優兒童」的學生特別照顧，使得這批實驗組學生，能夠從老師的特別關懷、重視、鼓勵和愛護中，增強自尊和自信，強化學習動機，加快了成長速度。甚至當這些學生表現不好的時候，教師們會反向思考是否是自己的教學方法有問題，導致他們的潛能無法發揮，進而改變其教導與訓練模式，讓學生更加的樂於正向學習，所以成績更好、智商更高。

同樣的效應也可運用在我們的身上。如果最親近的家人、朋友或老師都相信你能夠做得到，同時自己也願意改變，那麼就算資質駑鈍如我，都會相信自己好像眞的有那麼一回事，也就願意放膽嘗試了。

七十七天，除了籌措機票與學費外，心理建設反而變成我最重要的功課之一。我相信只要到得了倫敦，生命自然會找到出路。所以我們很快就將家裡的小車賣掉，動產處理掉，勇敢地訂下了往倫敦的單程機票，就是告訴自己這次一定要成功。擇善固執，學會跟未來賭一把的勇氣！

而且這一次，我眞的對自己有很高的期望，很深的盼望，就算沒有人相信你，只有另一半支持，我也堅決要爲自己建構一個嶄新的未來！

曾經在一次培訓過程裡，我提到了我的成長背景與經歷。下課後，有一位學員過來跟我分享她跟我有著相當類似的經歷，許多人都告訴她沒有讀書的天分。後來公司有機會給他們在職進修，她才半工半讀地念夜間部把大學給念完了。

她告訴我她也是一位不會念書的人，但是聽到我分享的期望效應後，她決定鼓起勇氣繼續讀書，去念一個碩士學位。

「碩士？為什麼想念碩士？」我問道。

「因為，我也想突破自己。」小女子認真地說。

「很棒啊，我覺得妳很有潛力。」我彷彿從她眼中看到了熊熊燃燒的烈火。「而且，在剛剛上課的過程裡我覺得妳很認真，我相信妳一定做得到的！」我認真地說。

有時候我們真的很需要跟一些正面、積極的人做朋友，他們點我們的一句話，也許就會溫熱到我們那顆沉寂已久的心。

在我們上完課的兩年多後，我突然收到了一封她的email，其中附上了她的碩士畢業證書電子檔，以及當時她上課的讀書心得（公司規定要上交給主管，她其實不用寄給我的。）在信中，她告訴我她依然認真地運用課堂所學，強化正面的期望力量，甚至也改變她說話的方式。沒想到她的生命真的因此改變，朝著美好的方向發展。

二〇一五年年初，我又再次收到了她的來信，她告訴我她最近運用閒暇時間，拿到了Six Sigma 的執照，甚至成立了自己的網拍網站，正一步步往自己的夢想邁進。最後還是不忘再感謝我一次……

我讀著她的信，兩行眼淚直流。是誰可以對另外一個人說你不會念書的？沒人有權利這樣說！

只要你願意，對自己有期望、有信心，誰都可以扭轉自己的命運，朝自己的夢想邁進！

全台最老的高中生

✷抱持僥倖尋求安逸，終究逃不過挑戰

從小到大，我眞的覺得自己是個很不會念書的人，就是沒辦法死背，考試的時候又常因爲壓力太大而表現失常。國中畢業那年，我因爲沒有考上理想的高中及專科，硬是重讀了國四班一年，我一個念建中、台大畢業的好朋友，甚至跟我說他沒聽過國四班……我心想：「你是在跟我說笑嗎？」

好不容易重讀了一年，我以當年聯招五百多分的成績考上心目中的第三志願，也就是位於台北內湖的德明商專。會想去讀德明，其實是因爲同學們都說那邊美女比較多，聽久了，也就希望眞的能夠拚上。結果，你也知道，現實往往跟期望是有落差的。現實不是德明沒有美女，而是我考上後，以爲接下來要迎接的是多美好的人生，豈料……

會選擇念專科，就代表我不打算考大學了，畢竟考試本來就不是我的強項。結果沒想到，要想順利畢業，接下來的五年還是得不斷面對各種考試的挑戰。現在想想，那時的我眞是好傻、好天眞，還以爲專科就像是提早過「由你玩四年」的大學生活一樣。

第一年我還勉強混得過去，但是到了第二年，我就因爲蹺課太多、考試不過，硬是被校方給退了學。

✷負面思想＋負面環境，不向下沉淪也難

這下我可慌了。我的家境並不富裕，專科也是父母親標會借來的錢供我去念的。但是，當時才十七歲的我根本不會想那麼多，心裡想的都是還可以去哪裡混張畢業證書。於是，我報名了當年度的專科轉學考，以驚險的成績進入當時位於南港的中華工專。第一次退學的經驗並沒有讓我更加警醒，反而讓我玩得更兇。當時班上有許多同學都不愛念書，跟我這種愛混的人在一起，完全一拍即合。

「大洲，等會兒下課要去哪裡玩？」上課上到一半，前面的同學阿偉轉過身來問我。

「去哪？沒有意見啊，你有什麼建議？」

阿偉一副神秘兮兮的模樣，摀著嘴小聲地對我說：「帶你去玩個刺激的如何？」

「刺激的？最好是啦，有什麼刺激的我沒玩過？」想我以前在德明念書的時候，就是以玩樂出名。抽菸、打牌、喝酒、蹺課，不是樣樣都行？

「好啊，那就下課約一下。」

想不到，這「刺激的」不是別的，竟然是去一個朋友家裡吸毒！很難想像吸毒是什麼感覺，畢竟我會抽菸，吸毒應該也是沒兩樣吧？結果不碰還好，一碰竟讓我沉醉在飄飄然的感覺中，無法自拔。

「怎麼樣？大洲。就跟你說是刺激的吧？」阿偉一臉奸笑。

「嗯，真的是不一樣，」我一邊吸一邊說：「但是，這些要不少錢吧？」

「不用錢的，」阿偉拉長了尾音：「朋友之間算錢多傷感情啊，你說是不是？」

就這樣，我開始陷入更墮落的人生，對未來也更感茫然。

結果在中華工專就讀甚至不到一年，第二個學期末，我就因爲蹺課過多，考試幾乎都沒出席，又被退了學，這次更是嚴重的操退（操性不佳）加學退（三分之二的學科被當掉）。

不過值得慶幸的是，因爲離開了吸毒的環境，加上毒品日漸昂貴，涉毒不深的我便藉這個機會把它戒了。你以爲朋友之間眞的不會計較錢嗎？當然不是！一旦你上癮，他還會跟你

高中時放蕩不羈的模樣。

討更多，甚至還會把之前沒討的都補回來！

可是，接下來的我，又該何去何從？

我那時才眞的開始慌了，因爲不想再去讀任何專科，熬那難纏的五年，而且還要補回所有被當掉的學分。於是我開始四處尋覓能夠接受我的高中，想不到竟一次又一次地被拒之門外。我父親陪著我，一家一家學校地拜託對方收留，但是這些學校只要一聽到我連續被好幾家專科退學，根本連想都不想就拒收。那種挫敗的感覺，如今我還歷歷在目。

✷當你認真想做一件事，全世界都會幫你

很快又到了夏季午後，炎熱的氣氛更讓人感到心浮氣躁。連續被許多高中拒絕的沮喪，讓我對前途感到焦慮，眞的不知道自己的未來在哪裡。

某天下午，我騎著摩托車閒晃到忠孝東路五、六段一帶，映入眼簾的是一所不太明顯的高中。我心想：「這或許是個機會吧？」走進大門，看到了右側的教務處，我就直接向對方詢問是否還有招收新生。沒想到教務主任竟

然親自走出來招呼我，他看了一下我當初以高分考進德明的五專分數，竟然很樂觀地對我說：「你其實還不錯啊，資質應該不差，就來念念看我們高二的資優班吧！」

「資優班？你是在開玩笑嗎？」我心裡想著。從小到大，可從來沒有人誇過我天資優異。

「是啊，」教務主任接著說：「我們希望你能夠拚一下，考上大學，而且我們也希望能夠提高升學率，我會盡力幫你的。」

可是，我心裡想的可不是要再去考什麼大學，我只是想，起碼得拿張畢業證書吧！當時我的國中同學都已經要升大學二年級了，而我卻從國中畢業後就再也沒拿過畢業證書。國四班、兩間專科又多耗掉我四年，我眞的只求這次能順利從高中畢業就好了。

「同學，來這裡註冊喔。」教務處一位老師遠遠地叫著我。

「算了，至少有學校讀，管它什麼資優不資優的。」我邊想邊走過去。

「幾歲了？」老師問我。

「快滿二十了。」我還一副很得意地說著。「怎麼了嗎？」

「二十歲？真的假的？」老師一臉緊張地問。

「有什麼問題嗎？」我趕緊追問。

「有啊，當然有問題，如果你已經滿二十歲，以現行教育部的規定來說，我們就沒辦法收你了。」

「不會吧？真的嗎？有這麼嚴重？」這下我可真的笑不出來了。

「因爲你是轉學過來的，你過去最高只念到專科二年級，依規定，我們只能讓你入學高中二年級。」老師接著說：「但是，教育部也有限制，如果要收轉學生，日間部高二最高年紀不得超過二十歲，但你已經二十歲了。」

我的天啊，誰說天無絕人之路？在這個當下，我真的覺得彷彿全世界都在跟我作對，早知道不能收，還跟我說什麼資優班！

「也不是不行念，如果你眞的想要，只能去念夜間補校了，補校就沒有年齡的限制了喔。」那名老師看到我這麼沮喪的模樣，趕緊安慰我。

這時候，那名教務主任也走過來，看看到底發生了什麼事情。

「老師，」我趕緊半哀求地問她：「怎麼辦？還有什麼辦法嗎？」

「唉，」主任嘆著氣說：「教育部的規定就是規定，我們也沒辦法作假，學籍都是要上呈的，但是……」主任想了一下，「也許我們可以先問問教育部？」

八月天，眞的是讓人心浮氣躁，尤其當事情格外不順的時候，總是很想要找藉口發脾氣。但是我又有何奈？畢竟走到這步田地是我咎由自取，我總得爲自己的不成熟和貪玩付出代價。

電話的那頭窸窸窣窣地說著，在教務處這頭的我們只能安安靜靜地等著，期望有曙光乍現的可能。這時，說話的老師側著頭，邊摀著話筒邊問我的出生年月日，她另一隻手的食指也沒閒著，一字一鍵地把我的生日輸入電腦。

「十月！」老師驚訝地喊著，彷彿接生婆對等待孩子出生中的爸爸般地喊著說：「恭喜你！有了！」

「什麼？有什麼了？」別再讓我白高興一場啊！

「教育部那邊說，雖然你是這個年分出生的，但因爲你是十月出生，所以可以算到下一個學年度，」老師邊喘邊說：「也就是說，我們可以收你了！」

我這輩子大概到二十歲以前都沒這麼興奮過，那種感覺像是中了樂透一樣，就連我現在寫著這篇文章的同時，手還忍不住顫抖。「上天，眞的是無絕人之路啊！」我內心裡瘋狂地呼喊著。

教務主任也忍不住驚呼：「就差一個月！還好！大洲，歡迎你進入祐德高中，希望你這次能夠好好加油！」

就這樣，我進入了當時所謂的升學班還是資優班，我都搞不清楚了，我只知道打電話去教育部的老師最後跟我說了一句話：「還好你是十月，大概沒有比你更老的日間部高中生了。」而我當時同班同學的平均年齡是十六歲，我比大部分的同學整整大了四歲。

逆轉心理學：正向心理

✷自助、人助、天助

在第一章裡，我們提到了認知行爲理論，明白到有了夢想，就要勇敢地講出來並試著轉化成行爲。有了自助，找到人助，最後就是交給天助了。

天助的部分我們無法掌握，唯一能夠掌握的就是自助了，而強烈的自助動機，又會增強他助的可能性，讓別人更願意幫我們。試想，如果對方表現出一副滿不在乎的樣子，你還會想幫他嗎？所以，我們自己的態度會決定對方要幫我們的程度。

在應用心理學裡，有個新興的理論叫做「吸引力法則」，或許你曾經聽過，但是卻不曾眞正使用過，甚至也不曾眞正體會到它奇妙的力量。澳洲作家兼電視製作人朗達．拜恩在她的暢銷書《秘密》裡，不斷地提到吸引力法則這個名詞，而這本暢銷書也首次讓許多人明白了正面信念的重要性。

吸引力法則作爲一個通用術語，可以追溯到十八世紀末一些普及的神學作品，爾後，在紐約時報大肆報導當時的淘金熱風潮中，再次把吸引力法則推向媒體鎂光燈的焦點之下。

作爲一個新興的思維方式，吸引力法則的重點在於強調：思想就像是個磁鐵，你想要吸引什麼，什麼就會過來，正負向都一樣。就像種植蘋果樹的種子，你不會期望它長大成爲椰子樹。同樣的，如果你在思想裡不斷種植負面的種子，也很難期望它會結出正向的果實。

以我當時的情況來說，如果我根本就不想再念書了，就不會在夏季午後騎車到處找學校。就算幸運地讓我找到了學校，如果我沒有殷切的入學期望，老師也不會努力幫我想辦法，甚至打電話到教育部查詢入學的可能性（正向）。以過去的我來說，我可能一聽到不行，就無奈地低著頭走了，甚至會安慰自己說我已經盡力了（負向）。

你眞的盡力了？當然還沒有！

哈薩克自蘇聯解體後，總體經濟有很長一段時間陷入前所未有的混亂。不只很多中年人失業，年輕人也都找不到工作。有一天傍晚，家具店老闆娘古夏正準備要關門，鐵門還沒關上，迎頭就有一位年輕人想要推門而入。

「我們已經要打烊了，不好意思。」古夏有點疲累地說。確實，經過一整天客戶的抱怨和銷售與存貨的緊繃壓力，幾乎讓古夏快喘不過氣來了。

「我……我知道……」年輕人吞吞吐吐地說著：「我已經好幾天沒有地方可以住了，我可不可以免費替您工作，就算是打雜也行，只要有個地方讓我住就好？」年輕人苦苦哀求著。

古夏很快地打量一下眼前這位年輕人，心想：「這位年輕人看起來還挺清秀的，不知為何會淪落到這步田地？」

「你先進來吧。」雖然有點無奈，但是古夏還是決定開門讓這位年輕人進來。

「你怎麼了嗎？」她好奇地問。

「我叫亞歷，從鄉下來到城市，由於最近景氣不好，導致我一直找不到工作，甚至被迫搬出我租的地方。雖然不願意，但我還是鼓起勇氣試試看有沒有人願意收留我，我已經找好幾天了……」亞歷回答她說。

「好吧，我店裡有許多大型家具，的確需要一些人手，雖然我已經沒有能力再支付多餘的薪水，但是，讓你暫住在店裡應該還是可以的。」古夏不知道哪裡來的信心，竟然就這樣相信了眼前的這位年輕人，甚至連他說的是真是假都沒查證。

結果竟然證明古夏的直覺是對的，畢竟是年近四十的老闆娘，閱人也算有兩把刷子。很快的，亞歷就成為店裡不可多得的好幫手，不只幫忙打雜，也幫忙做了許多搬運和清潔的工作。古夏高興之餘，幫亞歷在店的後面另外建了一個小房間和小廁所，讓亞歷終於有了屬於自己的小小棲身之所。

隔了幾個月，某天亞歷鼓起勇氣對古夏說：「老闆娘，我以前在學校時電腦學得很不錯，是不是有機會可以讓我幫您處理一些電腦的問題，我也可以順便賺點外快呢？」其實，古夏早就想要給亞歷多一點錢鼓勵他了，只是不知道如何開口，既然亞歷提了，古夏也就欣然答應了。

很快地，亞歷在店裡工作也將近一年了，有一天，他又鼓起勇氣對古夏說：「我以前念書的時候，英文也很不錯，我很想要繼續讀書，如果我能夠通過考試，您是否願意讓我半工半讀，甚至幫我負擔一些學費呢？」

古夏並沒有被亞歷的得寸進尺嚇到，反之，她為亞歷一顆想要上進的心感到高興。她雖對亞歷這樣的要求感到驚訝，但還是決定給他一次機會，反正要是念不下去，他自然會知難而退。

沒想到亞歷不但沒有因為學業而荒廢店裡的工作，反而更加努力上進，甚至在短短的幾年內成功念完研究所。有一天，亞歷決定辭去在古夏店裡的工作，朝他在礦業方面的專業尋找一片天，而古夏看到亞歷一路以來的努力，也鼓勵他展翅而飛。

二十多年後的某一天，古夏的女兒在美國飛回哈薩克的飛機上，與一名中年男子擦身而過，男子立刻回頭追問她的媽媽是否叫做古夏？雖然有許多的人都說她長得像媽媽，但是，在飛機上被認出來，她感到相當驚訝，畢竟媽媽又不是名人。「是的，我媽媽是古夏。您是？」「沒事，只是覺得很高興可以碰到熟人。」中年男子說罷就快速回到了自己的座位上。

就在下飛機後沒多久，一名空姐朝古夏女兒走來，手上拿了一瓶相當昂貴的酒，說是有一名男子要送給她媽媽。回到了哈薩克的家，當女兒跟古夏描繪著飛機上那名中年男子的模樣，古夏於是跟她女兒述說了這個二十多年前家具店剛創立時的奇妙經歷。

這是發生在我哈薩克朋友古夏身上的眞實故事，我聽到後覺得非常驚訝也非常感動。如果我們的動力沒有大到能夠吸引到別人來幫我們，代表我們內在的動機還不夠，我們還可以做得更多！

當我們的心裡有強烈的夢想，周遭的人一定會感受到，上天也一定會給你機會，有能力的人甚至會願意無條件幫助你，就像願意幫助亞歷的古夏，還有那時願意幫助我的教務主任一樣。

賓州大學正向心理學專家賽利格曼教授是首度提出正向心理學的權威，他發現會正面思考的人的共同際遇，幾乎都是越挫越勇，越衰越成功！而《商業周刊》在〈正面思考的威力〉一期當中，甚至提到人們遇到挫折時的反應，往往都跟攻擊、退化、壓抑、固執與退卻有關，只有百分之十不到的人會有正面思考的反應！

不到百分之十？真是太令人驚訝了！難怪成功人士的比例是如此的低！

那麼，自助要到什麼樣的程度，才會引起別人他助的意願呢？

這就要回到一開始的問題了，問問你自己：「我到底有多想要達到這個目標？」

你呢？你有多想要完成自己的夢想？

警察局的一通電話

✷同儕好壞是關鍵

其實我在讀專科的時候曾經進過警察局，這件事也令我印象深刻，讓我深深了解交朋友的重要性。

某天晚上，我才剛進家門，就看到父母一臉嚴肅地站在門口，心裡立刻驚覺不對。正想往房間走去時，父親一把抓住我，劈頭就罵：「你今天在外面幹了什麼事？」

「沒有啊！幹嘛這麼大聲罵我！」我不高興地回答。

「沒有？那爲什麼我們剛剛會接到警察局打來的電話？」父親氣急敗壞地說。

「警察局？」我相當驚訝，一邊回想著自己曾經做過的壞事。「那，警察有沒有說是什麼事？」

「什麼事？他們說你偷機車！要我們現在就去警察局備案！」父親一邊說，一邊抓著我的手往外走。

坐在開往警察局的計程車上，我眞的不知道該跟父母說些什麼話。我的確幹過不少壞事，但也不曾惹過什麼人麻煩，爲什麼警察會找上門？我一路上納悶著：「到底怎麼了？」

一到警察局，我馬上瞥見一張熟悉的臉孔，心想：「那不是我在飯店打工的朋友嗎？他怎麼也在這裡？」我有點驚訝。還來不及張口說些什麼，一位人高馬大的警察先生就朝我走過來：「程大洲是嗎？我們已經在這裡等你很久了！」

原來他們從傍晚就等我等到現在，只不過在那個連 BB call 都還沒開始流行的年代，出了家門就像放出去的鳥一樣，除非你回到籠裡，要不然眞的很難找得到。

「我做了什麼事嗎？」我緊張地問。

「做了什麼事你自己不知道嗎？你朋友都跟我們說了！」警察義正辭嚴地說。

「說了什麼？我眞的不知道啊！」我眞的覺得莫名其妙。

「你朋友騎贓車，今天傍晚被警察臨檢抓到，他說車是你偷的！你有什麼話說？」警察繼續追問。

「我……我偷什麼車？沒有啊！」我非常驚訝。

「沒有偷車，那你朋友爲什麼指證歷歷？」

我看了我那位打工的朋友一眼。其實我眞的和他認識不深，就只是工作上有交集，還有私下曾經出去玩過幾次而已。他頭低低地望向我這裡，並且使了個哀求的眼色。

「那，我可不可以跟那位朋友談談？」我有點緊張地問。

「可以，但是你們最好講清楚這是怎麼回事！」警察的口氣依舊很兇。

✷對「義氣」的迷思

「你怎麼了？怎麼會被抓到？」我們在離警察不遠的地方開始交談。

「前幾天看到一輛機車鑰匙沒拔，就一時興起騎走了。怎麼知道今天騎出去，沒騎多久就被警察攔下，而且還查出這輛車已經被報失竊，害我被當場抓回警局。」

「那你爸媽呢？」我趕緊追問。

「聯絡不上，我也不敢跟他們講，我怕家人會狠狠地修理我。而且我已經不是第一次了，如果再被抓到，恐怕會被判刑。」

「那你希望我怎麼幫你？」基於想幫朋友的義氣，我傻傻地問。

「你能不能幫我扛罪，拜託，一次就好，你是我最信得過的朋友了！」

聽到他這樣說，我那股想幫朋友脫罪的義氣油然而生，殊不知自己即將步上留下前科的路。

「說完了沒有？」警察大聲咆哮著。

「快好了。」就在我正在要走過去跟警察說話的時候，爸爸攔住了我。

「車到底是誰偷的？」父親嚴厲地問。

我壓低聲音跟父親說：「車是他偷的，但是他是我朋友，我要幫他，他只能靠我了。」

「幫？幫什麼幫？車不是你偷的，你怎麼能夠成爲代罪羔羊？」說時遲，那時快，他的一巴掌就這樣打了下來。

我一急，擋著他的大手，一邊回說：「我不能見死不救啊！」

被我擋下的手還沒放下，父親突然眼眶一紅：「大洲，我們辛辛苦苦把你拉拔長大，就是希望你好好做人。書讀不好沒有關係，我也從來不曾因爲你書讀不好而打你罵你。」父親語帶哽咽地說著。「但是，是你做的就是你做的，不是你做的就不是你做的，偷車的罪，可是會跟你一輩子啊，你可能還會坐牢。」語畢，父親的眼淚悄然地從臉龐滑落。

被父親的眼淚震懾住，我突然驚覺到坐牢的恐怖。在那個當下，我眞的不知道該怎麼辦。

「過來這裡做筆錄，告訴我們你是怎麼偷車的！」警察依然高聲咆哮著。

「警官，對不起，車不是我偷的。」我支支吾吾地說。

「什麼？車不是你偷的？你朋友都已經招了。」警察氣極敗壞地說。

這時，我這位所謂的朋友突然大聲地說：「程大洲，車就是你偷的！你為什麼要誣賴我？」就在那時，我突然看到這位「朋友」的眞面目。被他一激，我也本能地反應說：「車明明就不是我偷的，我為什麼要幫你扛罪！」

「警察先生，車是他偷的，我只是借來騎，我什麼都不知道！」朋友繼續狡辯。

「我……我……警察先生，車眞的不是我偷的！」我驚嚇地說。

「不管車是誰偷的，你們兩個都別想走。」警察繼續說：「各做各的筆錄，到時候去跟法官解釋吧！」話一說完，就把我們給押開了。

接下來的幾個月，我進進出出法庭數十回，人生也因此跌落谷底……

逆轉心理學：鏈狀效應

✷青少年時期的賀爾蒙反應

對許多青少年來說，當家庭逐漸失去功能，就會想要向外尋求肯定與安全感。青少年聚在一起，如果不是討論功課，就是討論一些最近發生的人際關係、男女關係、做什麼、玩什麼等諸如此類的話題。其中鏈狀效應就是在形容人在成長過程中，環境及朋友對人的影響。

身爲父母，如果沒有從小養成與孩子們聊天的習慣，青少年時期就更難介入孩子成長的話題了。尤其此時同儕之間的相互影響，往往會遠大於教師及家長介入的力量。

跟家庭的鏈狀連結越弱，與其他社交圈的連結度就會越強，這時候孩子就很容易被別人牽著走。所謂「近朱者赤，近墨者黑」，如果偏偏孩子又像我一樣，很容易被一些愛玩的朋友影響，那麼就很容易一步錯、步步錯，最後走到不可收拾的地步。

✷賀爾蒙反應

除了被人際關係中的鏈狀效應影響，青少年時期的賀爾蒙反應，也是孩子走偏的另一關鍵。

一般來說，大約在國小畢業前後，男孩們的體內就會開始大量分泌像睪固酮（Testosterone）一類的雄性激素，女孩們則是會增加分泌雌酮及雌二醇等雌性激素（Estrogen），這段時間也是第二性徵的發育時期。這時期的孩子不但得面臨生理上的變化，同時在心理上也開始出現獨立意向及情緒多變等的賀爾蒙反應。

最明顯的例子，就是孩子開始有了所謂的叛逆思維，有時甚至連他們自己也不知道爲什麼一定要這樣。英國劍橋大學在二〇一二年的研究就發現，青少年時期的腦部激素經常會互相影響，當掌管我們情緒的杏仁核過小時，這些孩子往往就容易產生行爲偏差。換句話說，他們並不是故意跟你作對，而是生理激素影響到他們身體所表現出來的外在行爲。

那難道我們做父母的就這樣被激素所限，拿孩子沒轍了嗎？其實也不盡然。杏仁核除了掌管情緒外，同時也掌管記憶。上天創造人類實在是很有意思，比如說，你或許也發現到，一些七、八十歲的長者，對於一般人容易慌張的事，他們處理起來卻相當淡定，這種淡定的功力是哪兒來的？因爲他們看多了。在他們的杏仁核記憶裡，對這類事情早已司空見慣，覺得沒什麼大不了，情緒自然就比較不會受到影響。

好消息是，杏仁核是可以被訓練的！所以，如果我們能夠盡量幫孩子創造一些與同儕相處的正向記憶，例如多運用晚餐時間分享自己青少年時期碰到的各種狀況，加以討論，避免用說教的方式與孩子相處，他們往往會驚訝地發現，原來爸爸媽媽也有頑皮的一面。如此一來，不僅能強化親子關係，這段青少年時期的家庭記憶，也將帶領他們往更正面、更健康的方向走。

對付叛逆期的孩子，我們還可以多多運用名人效應。比如說周杰倫以前也不會念書，也曾經有打混摸魚的有趣往事，但後來卻因爲朋友和母親的激勵而改變，如今成爲華人圈最有影響力的歌手之一。孩子的模仿力很強，善用孩子的語言跟他們說話，找到他們欣賞的名人來分享他們的轉變故事，導正的效果往往事半功倍。

我的朋友圈裡甚至有一位香港爸爸，爲了要跟行爲已出現偏差的孩子有共同話題，原本嚴肅的他甚至穿起了皮褲、改變了髮型，不但孩子感到驚訝，連媽媽也覺得不可思議。幾個月後的某一天，孩子突然願意開口跟父親說話，突破了親子隔閡，結果最近孩子終於穿得正經多了，爸爸反而成了雅痞男。

✷慎選家中播放的影視節目

許多連續劇都會在不知不覺中對孩子甚至大人產生偏差的記憶效果。雖然有些節目是把眞實狀況用連續劇的形式演出來，但是大家都知道電視台爲了要創造收視率，難免需要製造一些相對誇大的效果，而這些效果卻會對發育期的青少年造成模仿效應，千萬要特別注意。

古話常說「言教不如身教」，這些創造生活中正向記憶的簡單方法，都是我們實際在英國、在台灣都常常與家長一同練習的技巧，用來強化家庭的鏈狀效應，相當有效。所以，幫助杏仁核創造新的、正面的共同回憶，甚至能夠改變自己與孩子的生理反應！

有時候在課堂上，我們甚至會要學員當場演出職場上和家庭裡的實際狀況，所謂一回生、二回熟，多練習幾次大家也都發現沒那麼難，甚至玩得不亦樂乎。

但是練習需要持之以恆，還要避免一些干擾因素。像我們家裡就不裝電視與第四台，晚上自然就多了許多與孩子同樂的時間，創造了更多聊天或閱讀的共同回憶。

此外，家長的言行也往往是孩子最早模仿的對象。研究發現，家暴背景下長大的小孩，成家後往往都希望不要再把家暴的問題傳到下一代去。但是，高達七成這類的家長，當發生不順心的事情時，卻往往習慣用過去父母親家暴的方式來處理問題，這是因爲他們沒有用新的、正向的行爲模式來覆蓋過去的記憶。

✷父親的眼淚

其實話說回來，還是要非常感謝那時父親的眼淚，如果當時他眞的是用打罵的教育方式，搞不好我會更加叛逆。但是，當看到剛強的他流下傷心的眼淚，也牽動了我軟化下來的意願。做孩子的都不是眞心想惹父母親生氣，只是有時候無法控制情緒和行爲，才會做出了令人傷痛的事情。

後來很幸運的，在那個沒有街頭監視器的年代，警察還是很盡職地找到對方行竊的證據，還我清白。那種差一點就被抓去坐牢的心情，我現在回想起來都會捏把冷汗。不知道監獄中有多少孩子就是爲了逞這種莫名的「義氣」，平白無故背負著一輩子都洗刷不掉的罪名。

某人有兩個兒子。一天，小兒子對父親說：「父親，是時候讓我獨立了，請你把我應得的家業分給我吧。」於是他父親就把家產分給他們。過沒幾日，小兒子就帶著他所擁有的一切遠走他鄉。他在那裡任意放蕩，揮霍資財，既耗盡所有的一切，又遇到當地正在鬧饑荒，於是變得窮苦不堪，後來他去投靠當地的某個人，那人打發他到田裡去放豬。他恨不得拿豬所吃的豆莢充飢。

有一天，他忽然驚覺：「我父親有這麼多雇工，口糧有餘，我居然倒在這裡快要餓死，真是不爭氣，我要回我父親那裡去向他懺悔，求他原諒。」於是他動身回家。

回家時，他父親老遠就看見他，動了慈心，跑去抱著他連連親吻。兒子說：「父親，我得罪了天，又有愧於你，從今以後，我不配被稱作你的兒子。」父親卻吩咐僕人說：「快把那上好的袍子拿出來給他穿。把戒指戴在他指頭上。把鞋穿在他腳上。把那肥牛牽來宰了，我們要大肆慶祝。因為我這個兒子，是死而復活，失而又得的。」兩人都開心地笑了。

節錄自聖經路加福音 15:11–24

我很喜歡聖經這段裡浪子回頭的故事，身爲父母，我們可以思考的是：

- 浪子回頭會害怕什麼？
- 什麼原因或動機會讓出走的孩子眞的願意回家？
- 我們有沒有讓孩子有回家的勇氣，甚至願意接受他的信心？
- 當身爲父親的人，願意放下剛強的外表，展現柔軟的一面，這背後所代表深度的愛，是要精練過多少失望與痛心才能夠展現的成熟度？

相信孩子有回心轉意的一天，當時候到了，一滴眼淚，就能滴穿頑石。

PART2

舒適港灣外的新大陸

陌生的攔路人

三月，正值春暖花開的季節。高中畢業退伍後，我終於展開了人生的嶄新篇章。但是只有高中學歷的我，找工作的過程並不如想像中順利。

我在專科時期雖然曾經穩定地在飯店打工，但高中畢業到當兵前換過許多兼職工作，包括西餐廳的端盤小弟、柏青哥的工作人員、敦化北路的酒店少爺、兩家直銷商（分別是賣靈骨塔及免治馬桶）的業務員。退伍後，好不容易透過家人的介紹，找到了夜班的正職工作，白天就跟著同學的媽媽兼賣保險。

有一天日班的工作結束後，我心血來潮決定走路回家，一邊想著是否要找其他新的工作，一邊思考著要不要留在原本的服務單位繼續打拚下去。走著走著，冷不防被一聲低沉雄厚的聲音叫住，抬頭一看，是一位穿著體面的中年男子。他提著沉重的電腦，掛著服務公司的識別證，看起來似乎也不像是壞人。我心中還在納悶怎麼回事時，對方就開口了：「你好，我叫屈必杰，是位基督徒。這星期天我們教會有舉辦一場關於人生轉變的演講，不知道可否邀請你參加呢？」

「演講？什麼類型的演講？」我問。

「就是與人生轉變有關，很激勵人心的演講。」屈先生答。

「喔，是教會辦的啊？」我想多了解一些。

「是啊，你有去過教會是嗎？」

「有啊，小時候跟爸爸去過，但是每次去那裡都會睡著，所以後來也沒再去了。」

「那你這星期天一定要來看看，很活潑，很精采，應該沒有機會睡著。」

屈大哥拍胸脯保證說。

「喔，好吧，那幾點？」

「星期天早上十點，民生社區活動中心見！」

「活動中心？啥？不是說是教會嗎？」我有點不安地問。

「是教會啊，只是因爲我們人很多，所以星期天都是另外租場地的喔。」

就這樣，我有點勉爲其難地答應了那位先生，畢竟剛好想要學著做業務，不想一開始就拒絕別人，讓人感受不好。但是，由於我天性愛玩，加上週六又忙到很晚，週日當天我竟然完全忘記跟那位屈先生有約的事。

隔週的週一中午，飯還沒開始吃，電話就響了。

「喂？」我客氣地接了電話。

「請問是程大洲先生嗎？」電話那頭陌生的聲音問著。

「我是，您哪位？」

「我是上週跟你在路上遇到的那位屈先生，你還記得嗎？」對方客氣地問著。

正要塞到嘴裡的飯，只差沒有噴出來：「是是是，屈大哥您好。」我馬上變得正經起來。

「你還記得上星期有答應我週日要去聽演講的事嗎？」他接著說。

「有有，眞是不好意思，週六忙太晚給忘了。」我趕緊連聲道歉。

「沒關係，我只是在想，現在的年輕人是不是講話都不太算話了？」屈先生依然客氣地說著。

「不不，不是這樣的，眞的很不好意思。」內心正在糾結著說。

「那你這週日還有空嗎？」屈大哥不放棄地問。

「有有有！這週日沒問題，一定去！」我想說搪塞也要搪塞一下。

「好，那週六要我提醒你嗎？」

「不用，我會記得的！眞的！」

看到我信誓旦旦地回答，對方也似乎滿意地掛上了電話，我在電話這頭卻是緊張得要命，深怕對方會破口大罵。不過想想如果是教會的人，應該不至於太兇，所以也就沒太放在心上了。

✵ 轉變，發生在你意想不到的地方

很快就到了星期天，我起得有點晚，但還是想辦法衝過去，趕在十點左右準時到達。一進到會場，放眼一望，我內心有點吃驚：「怎麼都是年輕人？

教會不都是中老年人嗎？要不然也像是屈先生一樣頭都半禿的人才會來這裡聚會不是嗎？」才短短幾秒鐘，腦袋閃過了一堆的問號。

還在納悶的時候，遠遠就看到屈大哥筆直地朝我走來，並且安排我坐在他的旁邊。場地是像演講廳般可以容納約六百人的場所，座位是那種一不小心就會坐到睡著的劇院式座椅。接著大夥開始唱起歌來。嗯，是聖歌無誤，跟小時候聽到的滿像的。但是當講者開始他的分享的時候，我突然聽到旁邊許多人在呼應著他。「Awesome!」「Come on!」「沒錯！」這些加油助喊聲此起彼落，這……不禁讓我想到了不久前參加的直銷大會。

我參加的那個直銷大會裡也是充滿年輕人，當台上的講者講到興奮之處，台下也會很熱情地呼應。接著，講者就會開始說明他們有什麼樣的產品，把效果講得天花亂墜，有多好就有多好，還有外面的市價多少，在這裡買可以便宜多少，然後再補上在這裡買還可以累積什麼點數，別人跟你買還可以回饋紅利給你等諸如此類的話。

一大堆的話術，下面的人就像著了魔似的，好像今天不買就虧了一樣。

我一直對直銷沒什麼意見，覺得不用被經銷商扒一層皮也是不錯的，不過太熱情的場合還是讓我有點不太習慣。後來我因爲該產品賣價有點高所以還是沒買，不過我還是盡量跟那些朋友保持關係，因爲他們的本質其實都還不錯。

「可是，我參加的不是教會嗎？怎麼跟直銷大會這麼像？等下如果他們從後台推什麼東西出來賣，我一定要忍住不買，反正我也沒什麼錢讓他們賺。」

就這樣，我聽講時也不怎麼專心，心裡只是不斷擔心等等會不會被人推銷。結果演講不到一小時就結束了，也沒見他們推東西出來賣，也沒有人過來跟我推銷什麼，大家只是笑笑地跟我點點頭，好像在說：「這就是上星期給屈大哥放鳥的那位年輕人。」我心底的不安全感慢慢發酵著。

內心對話沒多久，就有一位看起來相當溫和的年輕人向我走來，接著開口問了我一些問題。

「你好，我是哲文，在做攝影相關的工作，你是屈大哥的朋友嗎？」

「我……我其實跟他不熟，上上星期才認識的，今天剛好有空，就過來聽聽演講。」此時我心裡想著：「果然，該來的還是閃不掉。」

「喔，沒問題的，我只是想問說，今天的演講對你來說有什麼收穫嗎？」

「收穫？」這我還眞的不知道該怎麼回答了呢。

「就是你覺得對你有什麼幫助啊？」哲文依然耐心地問著。

「還好吧！就覺得還挺有意思的。」我語帶含糊地回應。

「喔，那麼你會不會也想要跟我們一樣認識上帝呢？」哲文繼續問。

「認識上帝？我從小就認識了啊，哈哈，只是不知道祂認不認識我就是了。」我滿嘴油腔滑調地回答。

「喔，是這樣嗎？那你對聖經了解多少？」

「了解不多，其實我沒看過聖經耶。」說著說著都覺得不好意思了起來。

「那你怎麼會說你認識上帝了呢？」哲文反問。

「我……」一時間也不知道怎麼回應的我，只好當場呆在那裡。

看得出來我的表情有點尷尬，哲文也就沒有繼續質問下去了，於是再度很客氣地問：「那你有興趣跟我們一起看看聖經嗎？」

「看聖經？那我要準備什麼？」

「就去買一本聖經啊，反正也沒多少錢。」哲文一派輕鬆地回應。

這突然讓我想到，在當兵的時候由於很重視學長學弟制，所以常常被學長們修理，駐紮的營區又是天高皇帝遠的海防區，也很害怕有什麼不乾淨的東西會找上我，於是我在家裡找了一本好像是人家送的，橘黃色皮的新約聖經，那時常把那本小小的聖經藏在迷彩服裡，簡直就把它當成像護身符一樣隨身攜帶。

「我有聖經了啊。就是那本橘黃色的新約聖經嘛？」我其實還是想裝得一副很懂的樣子。

哲文依舊耐心地說：「那本只有新約喔，你要買的是有新約加舊約的那種，比較完整。」

於是，離開了聚會的場地，我心裡在想，有空再說吧，我現在忙著賺錢工作，哪有什麼時間跟你們去查經。況且，我也不知道那對我未來會有什麼幫助。

但是，殊不知在一年後，我的轉變會讓幾乎身邊所有人刮目相看，不只是把手機號碼換掉，香菸戒掉，負債還掉，甚至連身旁的朋友都全部換了一輪。

逆轉心理學：蛻皮效應

✵勇敢走出舒適圈

每個人從小到大總有某一方面是屬於自己的安全區域。有一回在企業授課，一位學員跟大家分享了他小時候溺水的故事，自那時起，他就再也不去做自己沒把握的事，甚至也不願意再突破自己，去學游泳。另一位學員則分享，以前由於沉迷網路世界而失去許多跟人真實應對的機會，有一回和人起了衝突，讓他之後都拒絕再與人面對面溝通，寧願用電子郵件或通訊軟體溝通，也不願與人面對面說話。

雖然我們可以形容上述的兩位學員是碰到了所謂的創傷後症候群，也沒有必要強迫對方去改變。但是如果真的想要成長，想要蛻變，那我們就非得改變，試著走出自己的安全區域或是舒適圈不可。

阿賢是位職業軍人，高中畢業後就決定投身軍旅，做份穩定的工作。從小就屬於穩定型個性的阿賢，從來也沒有想過可以做些什麼其他的工作，認真的性格讓他仕途順遂，在短短幾年內就晉升為士官長，在部隊裡面也是盡心竭力地對待每個長官、部屬與工作。

有一天，只有高中學歷的他突然萌生了再進修的念頭，這下家中的父母可緊張了，放著穩定的軍旅薪水，外加以後可能的退休金，兩老要他想清楚點再做決定。八年的軍旅生涯說長不長，說短不短，走出自己的舒適圈確實是需要很大的勇氣，況且大學考試也不見得一定考得上，畢業後也不保證會有工作，未來的變數實在很大，這讓性格穩定的他很難做決定。

「現在不改變，以後就更難改變了。現在不決定，以後也決定不了了。」阿賢心想：「尤其再待個幾年下去，就更難放棄終生俸了……」於是就在要簽續約的時候，阿賢毅然決然向部隊長官提出辭呈，希望能夠往外發展，甚至出國求學念書。

「要不要再考慮看看？」「家中父母怎麼說呢？」「我們很看重你啊。」許多的好友甚至長官都不斷慰留他，希望他能夠繼續留任。

「非常感謝你們的栽培，但我還是想要試試看過一個不一樣的人生。」阿賢客氣地回答。

就這樣，長達八年的軍旅生涯畫下了休止符。

後來阿賢果然不負眾望考上大學，並順利在四年後畢業。但是，出社會後其實是另一種考驗，尤其對一個穩定型的人來說。他不知道自己到底可以做什麼工作，於是他曾嘗試去餐館打工和做研究助理，但沒有一份工作的薪水可以跟他以前相提並論。

有一天，聽說某間大學的校警有職缺，愛好穩定的他欣喜若狂，努力撰寫履歷，並積極找認識的朋友寫推薦函，經過幾輪的面試，阿賢終於順利錄取了。由於阿賢認真付出的性格使然，沒隔多久就升為正式編制的警員，甚至被大學的醫學院延攬到醫院的消防隊任職。穩定的工作讓阿賢終於找到安身立命的職涯，但是，在醫院看到種種生老病死後，卻也讓阿賢思考更多有關生命意義的問題。

「長官，我想要去菲律賓做賑災工作。」有一天，阿賢認真地對直屬長官說：「我希望能夠幫助更多有需要的人。」「好啊。」長官也支持他的決定，於是就批准了他一個多星期的假。

沒想到，不去還好，一去就點燃了他心中那股悲天憫人的性格，看到許多的災民受苦，阿賢心中暗自決定要盡更多力量，幫助世界上有需要的人。回到醫院後，他決定向長官請辭，希望能夠去中國發展。

就這樣，他又再度走出了自己的舒適圈，雖然無法再找到合適的工作，但卻也在隔年順利的考進中國排名第二的中山醫學院臨床醫學系，往自己更高的醫師夢想邁進。那年阿賢三十七歲，六個月後，他在醫院的急診室實習時，順利與醫師團隊們救回一條奄奄一息的寶貴生命。

你的舒適圈是什麼？你的安全區域又是什麼？改變從來都不是件容易的事，尤其當它是要挑戰自己的性格底線時。蛻皮效應說明的是改變後的美好未來，但是，在開創美好未來前，總是要經過最嚴峻的挑戰。

在自然界裡，我們可以看到許多蛻皮效應的例子。蛇類唯有經過不斷蛻皮的過程，才能使自己變得更加強壯。但在這個過程中卻得消耗非常多的體力，甚至要防止敵人的侵犯。

醜陋小鵝（俗名醜小鴨）唯有在年幼時期經過灰褐羽翅的脫落，才能蛻變成爲擁有潔白羽翅的美麗天鵝，然而卻要經歷從小以來醜陋的模樣。

毛毛蟲唯有經過作繭成蠶的閉關日子，才能夠蛻變成爲擁有翩然羽翅的美麗蝴蝶。但是，並不是每個成繭的毛毛蟲都能夠順利的羽化成蝶。

✵打從心底的蛻變

所以，改變往往是充滿挑戰的，過程也往往是艱苦的。在退伍後，我就已經很想要和過往的生命劃清界線。夜夜笙歌、萎靡不振的生活背後，是想要填滿內心永無止盡的空虛感。但現實是，這樣的生活到底能夠過多久？我該如何改變？

在去完教會的接下來幾個星期，我決定換一支手機、換一個號碼，從家裡搬出去，不再跟過去的朋友聯絡。結果，竟然連當兵時交的女朋友都決定跟我分手，這是我始料未及的。分手後的那段時間讓我思考了很多，原本以爲會有機會在一起很久的，原來竟是一場一遇到考驗就破碎的感情。沒想到，這反而讓我可以更專心地去面對我未來的生命，專心地思考蛻變的問題。

其實，我那冥頑不靈、桀驁不馴的態度一直深深傷害著我的家人。內心雖然知道不對，但我實在沒有動力改變，所以當時除了跟「過去」劃清界線外，接著就開始打造自己「未來」想要成爲的樣子，讓「現在」變成一個分水嶺。

由於過去跟父母親經常頂嘴吵架，常常傷透了他們的心。牧師鼓勵我要創造一個美好的未來生命，一定要突破跟家人的關係，因爲跟原生家庭的關係，往往會影響一個人最深的內心世界。

於是我決定先從改變對家人的態度開始，並且盡量寫下家庭裡值得我感謝的部分。想不到這一寫就沒完沒了。後來我才明白到，原來我那一直混、退學來轉學去的背後，有著許多爸爸跟人磕頭、借錢幫我交學費所流下的淚水。我那回家就有飯吃、天冷就有衣服穿的背後，又是媽媽下班之餘，不管手已經罹患了關節炎，依然堅持爲我及弟弟們默默打點的汗水。我怎麼之前都沒有注意到！一邊對著自己生氣，一邊決定跟父母親道歉，在某次晚餐的餐桌上，我決定面對我的軟弱，跟爸爸媽媽述說著我過去對他們及這個家的傷害，以及我未來想要做的改變（包含戒菸及戒酒），他們聽到後竟然也都紅了眼眶。尤其當我與父親擁抱、撫摸著母親那雙微腫的雙手時，我眞的很難相信我之前竟然對此視若無睹！

「靠著那加給我力量的（上帝），凡事都能做。」這次我竟然靠著上帝給我的力量，突破了我跟家人的關係，改變了我長久以來戒除不了的惡習。看著現在的我，跟過去抽菸、喝酒、吸毒、打架甚至不斷退學的我，眞的是有天壤之別！心改變，行爲就會跟著改變，蛻皮效應強調的不只是外在的轉變，更重要的是由內而外的全然蛻變。

其實，人們往往不是不願意追求幸福，而是太害怕在現實生活中作出改變。就像毛毛蟲羽化成蝶一樣，你願不願意爲更美好的未來，勇敢地走出安全區域，付出蛻皮的艱苦代價呢？阿賢爲了成爲一名救人的醫師，需要熬上艱苦的六年學習。我爲了成爲一名心理學家，走過了你會在接下來的篇章裡看到的許多艱困挑戰。

改變是辛苦的，但幸福卻是永恆的。今天的你如果活得跟昨天一樣，明天的你，也會跟今天一樣。相信自己，作出改變，讓「現在」變成「過去」的分水嶺，打造一個屬於自己的全新「未來」！

走出卡債陰影，戒掉多年菸癮，存出驚人旅費

九〇年代初期，Visa 及 Master 等信用卡組織陸續進入台灣，掀起了一股與外商銀行接軌的風潮，以前不見得有機會能到外商開戶的民眾們，現在可以輕鬆申請到花旗銀行、渣打銀行甚至美國運通的信用卡。九〇年代中期，提倡方便小額信貸的現金卡廣告更是席捲各大媒體版面。當年某家銀行虛構的人物喬治與瑪莉，更成了現金卡的另類代名詞。於是先享受、後付款的口號，成爲當時最潮的消費術語。

✵話術是包著糖衣的陷阱

我高中畢業後正巧碰上信用卡最夯的年代，不只申請信用卡變得免年費，甚至還開始流行送贈品。百家爭鳴，隨處可見的信用卡業務不斷跟你推銷著免費贈品，許多人甚至是因爲贈品才辦卡。一個人擁有數張信用卡是常

見的事，我的親戚朋友中甚至就有人申請了將近二十多張信用卡，家裡堆滿了行李箱、雨傘、果汁機等琳瑯滿目的贈品。

所以我也不免俗地辦了張信用卡，沒想到不到一個月就被核卡了。一般普卡額度是兩萬，一下子間，不知怎的，我突然覺得好像多了兩萬可以花，卻沒想到這是一場惡夢的開始。

雖然時隔二十多年，第一次刷卡的感覺還記憶猶新。當時覺得辦信用卡彷彿代表著你是成人了，擁有了不同的地位象徵。二十歲生日當天，爲了慶祝正式成年，我與一群朋友在KTV狂飲消費，當晚就把兩萬元的額度給刷爆了。你問我有沒有感覺？其實沒有，直到拿到帳單的那一刻，我才驚覺身上根本沒有那麼多現金可以還款，心裡還在緊張，不知道該怎麼辦時，赫然發現總金額下方有一排「最低應繳金額」的數字，我才放鬆了不少。但是對一個涉世未深的年輕人來說，怎會知道那不過是另一個包著糖衣的陷阱呢？

接下來的每個月我都不敢再亂消費了，光還那每個月的最低應繳金額，外加將近百分之二十的利息，就已經讓我喘不過氣了。以我當時一個月才兩萬出頭的薪水，外加林林總總的食衣住行，能還的實在有限。結果，竟然讓我看到了另一線生機。

當時美國 AIG 金融集團也進到台灣，他們的業務不僅到各大賣場銷售，還對你進行催眠，說辦他們家的信用卡不只利率低，還可以還其他卡的卡債，這點完全打中了我的心，讓我毫無招架之力……

「帥哥你好，有沒有信用卡？」業務小姐說。

「已經有了喔，謝謝。」我說。

「那有沒有用到循環利息？」業務小姐繼續問。

「有耶……」忐忑不安地跟對方談著。

「那你一定要參考我們家的信用卡，不只幫你省下循環利息，」業務接著小聲地對我說：「我還可以幫你申請到金卡哦。」

「蝦米？金卡？不會吧？」腦袋開始幻想著自己拿到金卡的樣子，一邊說服自己只是要減輕循環利息的壓力而已，一邊又在掙扎要不要又這樣子撩下去。

「帥哥，我跟你說，來，這個旅行箱再送給你，價值好幾千，免年費又現賺行李箱，轉賣還可賺好多錢。」「什麼？轉賣還可以賺錢？」我眞的快瘋了。「當然啊，拜託，也順便幫幫我做業績嘛。」

這下，我心中最後一道防線終於被攻破了。可以賺錢、又可以幫人幫己，何樂而不爲？不到一個月，我的第二張信用卡又核發下來了。打開信封一看，眞的是黃澄澄的金卡，閃到我眼睛都快張不開了。定睛一看，哇塞，信用額度五萬。

「五萬？不會吧？這麼多？兩個半月的薪水耶。」這下我首次動用了預借現金的功能，將兩萬多元從信用帳戶裡提了出來，趕緊還掉了上一張的卡債，還很有 guts 剪掉了它，哈哈，無債一身輕啊！殊不知第二張信用卡的帳單沒多久又寄來了。

拿著金卡，不用行嗎？五萬的額度對當時年輕的我來說，簡直就像天一樣高。不只朋友們都很訝異我可以拿到金卡，自己也大頭症地認爲自己是什麼大人物，不難想見，不到幾個月，我的卡又刷爆了。

這下不是兩萬了，是五萬！還著最低應繳金額，看著更多的循環利息，我不斷地問自己：「爲什麼我會這麼冥頑不靈？」

✵天下沒有白吃的午餐

無獨有偶，當時喬治和瑪莉的現金卡，又悄悄走進了我的世界。

「帥哥，有沒有卡債啊？」什麼？現在業務都問得這麼直接嗎？還是我臉上就寫著負債累累的樣子？

「沒有沒有。」正要快步走過那位有著甜美嗓音的業務人員。「來嘛，沒卡債，有現金在手上也感覺很棒啊。坐一下嘛。」小姐輕聲地呼喚著我。

「這……」還在猶豫要不要走過去，對方又接著說：「今天辦卡不只免收手續費，再送你好禮三選一喔。」「我們又不是信用卡，不用再擔心刷爆的問題了喔。」「來嘛，坐一下啦。」

「這……」就這樣，我被甜如瑪莉般的女孩吸引過去，寫下另一張彷彿是賣身契的契約，這次更快，不到兩個星期，現金卡就寄到我的手上。小心翼翼打開一看，果真不是信用卡，鬆了口氣，但接下來看到的金額，更是讓我訝異！

「三十萬！什麼？這是開玩笑的吧？這真的是給我的嗎？」我壓根沒有想到這是要我的命。好不容易還掉金卡的卡債，我又開始了悲慘的喬治人生。

原來，瑪莉是甜蜜的，喬治是痛苦的。天下真的沒有白吃的午餐，沒有白拿的贈品啊。

沒信仰、沒原則，容易被人牽著走

除了信用卡、現金卡之外，當時朋友間也開始流行了集體標會。標會就像是一種互助會，可以讓想要賺取比銀行利息更高的投資人得到更多存款金額。同時，標會的成員大多是自己熟識的朋友，看起來是一種保本又心安的理財方式。

看到這裡，我想大家應該可以猜到我又會撩下去了，對吧？

是啊，讀者你們的眼睛是雪亮的。但是所謂旁觀者清，當局者迷，當時的我就像鬼打牆似的，跟這些衍生性金融商品沒完沒了地糾纏著。所以，當同學中有人提到要標會，又說服我說這是翻身的好機會，我也就不假思索地加入了。

「這個會，不會有問題吧？」我忐忑不安地問著。「怎麼可能會有問題嘛，都是認識的朋友啊！」同學一邊安撫我，一邊拍胸脯保證。其實越是這樣，就應該越要有警覺心，但是年輕人彷彿什麼沒有，賭一把的勇氣最多。誘惑又像是吃不膩的巧克力般，嘗過一次，就很難不去想念它的滋味。人一旦沒有原則和人生信念，就容易被一些似是而非的理論說服，不斷往深淵走去。

「好吧，多少錢的會？」我問。「沒多少，也就二十一期，一期一萬，一年半多而已。」

就這樣，一年之內，我人生第一次擁有了信用卡，第一次借貸了現金卡，最後，竟然有七張普卡、三張金卡在手上，外加標了一個二十一萬的會。

我不知道原來一個剛出社會，月薪才兩萬多的人，可以有這麼多的信用資產。

逆轉心理學：心理暗示法

✵出來跑，遲早要還的

對一個負債的人來說，欠錢不只是實質上的挑戰，心理上更承受著無形的巨大壓力。當負債的款項開始超過自己一年的薪資總和時，就會形成一種負向的自我否定循環。

比如說，負債者常常會問自己有可能還得完嗎？爲什麼會越欠越多？陷入自己爲什麼這麼沒用等等的負面思考情緒當中。（當然，我們這裡所說的負債不包含因購屋或是購車所產生的房貸或車貸。）

在心理諮商的範疇裡，壓力是一種個人主觀的感覺，發生於內外在環境產生某種變化或要求，且程度超過個人能力與可用資源所能負荷的範圍時。

例如，當我們念書的時候，剛開始學微積分或三角函數的學生往往壓力會很大，因爲我們並不熟悉，但是，對於一些大學主修數學的學生來說，解這類型的題目，就沒那麼困難了。

爲什麼呢？道理很簡單，因爲他們已經犯過了無數的錯，解過無數的題目，當他們的能力提升，壓力自然下降。所以，如果你請一位大學數學系的教授來解國中的函數問題，他們一定不會有壓力；就像要你解加減乘除般的沒有壓力。但是，看看小學一、二年級的學生，你有沒有覺得他們好像碰到除法都很痛苦呢？

當負債的狀況超過個人的能力、甚至可用資源不足以減輕負債時，例如超過你三年年薪的時候，人開始會形成另一種心理狀態，也就是自我放逐，或甚至開始去想一些更不健康的因應模式（例如：借高利貸、賭博、犯罪等等）。所以，這時候當負債的數字已經超過實質上意義的時候，心理上難免會開始放棄。所以難怪我們會看到一些負債到自殺、甚至帶全家燒炭的例子，很令人難過不是嗎？

其實，所有的問題都有解決的可能，錢能夠解決的問題，都是小事。要處理外在的負債問題，就要先從內心的負債思維開始改變起。

阿福自小家境清貧，小時候跟父母親搬到了一個極度陌生的地方，由於父母親沒辦法提供阿福太多資源，所以他很早就開始他的打工人生。十三歲時，他找到了一份不需要太多技巧的送報工作，但是由於要起得很早，收入又不見得夠多，於是他又找了一份賣冰淇淋的工作。就像一般的年輕人一樣，阿福並不想被老闆束縛，開始想可以批貨來擺地攤，也真的讓他賺到了一些錢。

有了錢，就會想要過更好的生活。熱中健身的他，想說可以試試看當健身房的業務或是教練，幾個月的時間，剛出社會沒多久的阿福就賺到不少錢，甚至開始想做更多投資。然而更多的投資，並不代表更多的獲利。賺到了錢，不代表存得到錢。不到幾年的時間，阿福的事業不但沒有幫他累積更多財富，反之，因為亂花錢、亂貸款擴張的消費模式，讓他驚覺到自己已經負債超過數百萬，甚至超過了他能夠想像的金額。此時的他決定痛定思痛，改變自己的消費模式，甚至還要改變他對金錢的思維模式。幾年後，阿福從負債到想死的邊緣走出來，有了健康的家庭，成功的事業，甚至開始幫助有相同經歷的人一起改變窮困的模式，阿福成為擁有財富自由的最佳典範。

他就是《有錢人和你想的不一樣》的作者哈福艾克的真實故事。

對我來說，哈福艾克不過是個天方夜譚，這種故事我聽太多了。雖然覺得凡事都有可能，但是對一個信用卡張張刷爆、又有現金卡、標會的人來說，我怎樣都無法想像自己也可以像他那樣。

陷在負債的漩渦裡，就算靠自己想破頭，付盡有限的薪水，也還是走投無路。

學了心理學之後，我才發現我最後還清負債的理財方式，竟然跟哈福艾克的理財方式有著異曲同工之妙。我們都用「心理暗示法」*（注釋：心理暗示是人類最基礎、最典型的條件反射，是一種主觀意願肯定的假設。前蘇聯心理學家帕夫洛夫於十九世紀初提出制約及暗示的相關報告，讓心理暗示法的運用在近百年來的研究更臻成熟。），同時靠著願意面對的態度，以及積極規畫的理財方式，讓我在兩年內還清所有負債，剪掉所有的信用卡及現金卡。接著，靠著累積起來的理財習慣，開始重建我的夢想人生。

心理暗示法相當有用，但是爲了要強化你的制約能力，寫的字要盡量大，而且要親筆寫下，張貼在你每天都可以看得到的地方。不只哈福艾克推薦，連積極成功學大師拿破崙希爾也都曾在他的專書裡提到自我暗示在理財上的妙用。

我的方法如下：

首先，找三張空白A4大小的紙，第一張寫下你所有能夠想得到的負債金額以及借款方式。

還清以後，就在那一行裡將它大大地劃掉。

對我來說，目前的負債只集中在標會和現金卡的部分，因爲我第三期就標下來了（以防倒會），所以，每個月去攤還一萬元的負債，對我來說就立刻輕鬆了許多。所以，能夠將所有的負債集中在一個地方，會幫助自己減輕許多的心理壓力，也更能夠相信自己眞的能夠還清。

這樣還不夠。第二張，寫下你的花費項目。

寫完花費的部分，眞是太令我震驚了，我薪水也才兩萬出頭，難怪存不到錢，根本就透支在過活嘛！所以我就決定減掉不必要的娛樂、購物等支出。

同時，剛好有機會去上到了一堂課程提到戒菸的複利效應，更是讓我驚爲天人！

✵戒掉一天兩包的菸癮，存出驚人旅費

當時，我去聽的一個演講是關於時間管理的講座，想不到三個小時的演

	負債狀況
普通卡 ×7	$140,000
金卡 ×3	$150,000
現金卡	$50,000
其他：保單借款	$8,000
小計	***$348,000***

Step1：**寫下所有負債金額**

	金額／月	如果改變，可能存下金額／月
餐飲（粗估每餐$100）	$4,800	
娛樂		$4,500
交通（油費、捷運等）	$600	
房租	$4,500	
抽菸（當時一天兩包，$50／每包）		$3,000
保險	$2,400	
購物&其他		$3,500
小計	***$12,300***	***$11,000***

Step2：**寫下花費項目**

講，那講師兩個半小時就講完了。我心想：「還說什麼時間管理，多出來的半個小時看你要怎麼辦？」說時遲，那時快，想不到他突然問在座有沒有抽菸想要戒菸的人士？他保證可以在半個小時內，幫我們戒菸成功。

接下來，他開始跟我們算起了數學。從我當時的二十幾歲開始算起，抽菸抽到七、八十歲，抽五十年大約是六百個月，每個月三千元的菸錢能夠存下來定期定額，乘上複利，他在黑板上寫出的數字讓我完全嚇到了。原來，我一天不抽菸可存下的一百元，從二十二歲起，以平均年利率10%的理財工具來看（美國標準普爾過去五十年9.8%，巴菲特公司19.7%），到六十五歲退休時，竟然就會有兩千三百四十九萬元的結餘！如果以三十歲起到退休來看，也能有近千萬的報酬！想不到複利的力量竟是如此驚人！

這還不打緊，那名講師又繼續說道：「你知道抽菸會讓你少活幾年嗎？男生的平均年齡約爲七十二歲，你因爲這樣抽菸，至少會少活五年的壽命，這五年，你又會少賺到多少錢，你知道嗎？這還不含你在醫院要花上的醫藥費！」

想不到抽菸的損失竟是如此的大，走出演講的課堂時，我就將口袋裡的大衛杜夫香菸丟到垃圾桶裡，超過十年來的菸癮，就此戒除！到現在已經超過了十六個年頭，一根菸也沒再碰過！

此外，我也意外地發現，開始戒菸後，很多的交際應酬，像是喝酒、吃消夜或唱 KTV，你都會變得不想去，因爲你不會再想要去那些充滿誘惑的場所，欲望頓時降低，花費竟然又縮減了許多。

夢想和欲望是勢不兩立的敵人。沒有夢想的人生，就會被欲望所吞噬。

就如同裕隆集團董事長嚴凱泰所說：「如果你連吃都不能控制，你還能控制什麼！」我認爲：「如果我連抽菸都無法突破，我還能突破什麼大事！」

最後，在第三張白紙上面，寫下大大的兩排字。第一排是你眞的想要突破的事，第二排是你想要獎勵自己的事。

這第三張的功用，也就是心理暗示裡最重要的步驟，幫助自己每天增強信心。

就這樣，減去了所有的物質欲望，再加上異常努力地工作存錢，我在該年甚至拚到公司高峰會員的榮譽，獲得了最佳業務員的殊榮，兩年內就清償了所有負債。在我戒菸後的第五年，雖然還沒積累到千萬存款，但是我眞的如願以償踏上了英國土地，成就了出國念書的夢想。

不只如此，在我負債還清後的第二年，剛好遇到了一位也是被眾多卡債壓到快要跳樓的朋友，當他親眼看到我所有累積的帳單及留念的信用卡

所有我保留的作廢信用卡

時，竟也願意當機立斷做改變，現在的他已是無債一身輕、快樂悠遊的部落格攝影師。我從沒想到這樣痛苦的過去，竟然能夠拯救另一人的人生！

有一句諺語說得好：「只要你願意移動你自己，陽光終究會照到你。」若不勇敢走出舒適港灣，怎能發現新大陸？

Step3：寫出願望

PART3

英國倫敦大學的挑戰

考雅思的準備功課

要申請英國大學或研究所，其中一項必考的語言考試就是雅思測驗。有別於一般的英語測驗，雅思是更全方位的考試，考的內容不只是華人熟悉的聽力、閱讀與寫作，還有外加口語測驗，共計四個大項。每一個部分的比重相同，四項總和平均計分，滿分為九分。一般來說，要進入英國大學的研究所，最低標準要達到七分左右。對許多人來說，準備考試的標準流程就是把該讀的書都努力讀完，多做練習題，然後到考場準備考試。

印象中曾有次和一位非常會考試的好友一起念書，準備的時間只有一天，隔天要考相同的測驗。考的範圍雖然不廣，就是一本書的閱讀資料，然後挑選幾個章節來考。當晚下課後，跟他一起閱讀複習，沒想到才看沒半個小時，他就覺得累了想睡覺，沒多久就傳出呼聲了。我則是當晚繼續 K 書好幾個小時，希望隔天能夠有好成績。

到了考試當天，我問他準備得如何，他說還好，讀了半個小時，應該夠了。「半個小時？怎麼可能會夠？」「還好啦，我平常看書都不看太久，有印象就好了。」「眞的假的？那等下加油囉！」我並沒有抱著幸災樂禍的心情，也希望他考好成績，畢竟這並不是他考上我落榜的零和遊戲，是十幾個同學一起奮鬥考好成績，對老師教課的最好回饋。

考試大約只有一個小時的時間，老師出題的方向也沒有太出乎我的意料，一切都在掌握之中，除了有幾題我答不太出來外，大部分答題都還算順利。簡單休息過後，老師就開始一個個公布成績了。我的成績還算一般，得了七十幾分，其他人也都有及格，但是老師卻遲遲未公布那位好友的成績，連我都替他感到緊張了。終於，念到最後一個，老師緩緩地說：「×××，一百分。」「一百分？眞的假的？怎麼辦到的？不是才看半個小時嗎？」我心裡迴盪著無數的問號。

下課後，我馬上衝去問他：「嘿，恭喜呢，考一百分欸！你怎麼做到的？不是才看半個小時嗎？」

「是啊，眞的是只有看半個小時，你知道的啊。」他說。

「可是只念半個小時怎麼夠？要讀的東西不少耶。」我接著問：「你是不是晚上爬起來偷偷看書？」

「沒有啦，我就是上課時專心聽，下課後就不用複習太多啦。」他一派輕鬆地說。

「可是我上課也很專心啊，怎麼就沒有你這般功力？」

「其實，我從小就練過速讀，所以我有一目十行、過目不忘的本事。」眉宇間沒有一點僥倖，他認眞地接著說：「當然，我當初也是花了很長的時間苦練啦。」

後來許多朋友也說，他們眞的常常看到那位同學這樣讀書，而且從小到大考試都是第一志願。自此，我開始相信眞的有人擁有這種本事，而不是武俠小說裡杜撰出來的。所以，既然大部分人都是常人，這種能力也從來未曾在你我的身上顯現過，如何考得自在，不是跟那些考試高手比，而是跟每一次的自己比，看看進步了多少，就變得格外重要。畢竟我從小到大就不是考試高手，要不然我何嘗願意念到二十二歲才高中畢業？所謂人比人氣死人，與人比較只是徒增壓力罷了。我能夠一次比一次更好，至少會活得比較開心，更有自信。

但是話說回來，準備雅思考試時，那種壓力又不由自主浮上心頭。如何讓自己表現自然，表現更好，心理素質就更加重要了。但是，對出國前連英文歌都唱不上口，跟老外對話也說不上幾句，又必須在期限內達到測驗門檻的我來說，這一切談何容易？所以對我來說，時間管理就變成我的首要之務了。

✷擬定考試的作戰計畫

一開始，我把過去雅思的考古題都一本本買回來做，除了不斷地進行讀寫練習，還得挑戰自己的聽力。等到自我感覺越來越好，覺得有信心後，我再試著做模擬考題，看分數如何。想不到分數簡直慘不忍睹，只有三到四分左右，這樣的成績和我想達到的七分也差太遠了吧？我好幾次都在想自己是不是真的不行，但是既然都出來了，就不能輕言放棄，不是嗎？

於是，我每天除了在語言學校密集上課外，還報名了針對雅思考試的專班練習，好不容易平均分數有拉到五分至五分半左右，但就是覺得多個一、兩分好像難如登天，怎樣也無法跨越。尤其口語最難測量，對華人來說也最不容易，畢竟我們比較少有機會練習口說，幾次跟補習班的老師練習下來，能夠有五分就很偷笑了，更遑論要到七分。

第一次的考試日期安排在十月，我希望能夠在年底前拿到成績，這樣我隔年年初就可以開始申請學校。目前距離考試只剩下兩個月左右的時間，我也到語言學校上課半年多了。兩個月的時間要提升兩分，實在是有點困難。我一個英語程度不錯的朋友在台灣考了五次，終於才在最後一次考到了六點五分。他也勸我壓力不要太大，放鬆心情應戰，畢竟越緊張越不容易有好的表現。其實這些道理我都了解，但是對於一個從來就不擅長考試的人來說，除非自己真的親身做到了，不然真的很難相信。

✷最後兩個星期的準備功夫

接著，就要從改變生活作息開始著手，並且把每天的時間安排得跟雅思考試的流程一模一樣。早上幾點開始考試，每次休息多久的時間，下午考什麼，會有什麼題型，考古題有哪些，都完全照做。

我只給自己兩個星期的衝刺時間，畢竟出國讀書，每晚一天考就是在燒更多的錢。所以，每天上午從八點半開始，我就準時坐在書桌前預備九點開始的考試，時間一到就翻開試卷開始作答，一切按照雅思的標準流程進行。聽力寫完，再做閱讀測驗，然後就開始兩篇試題的寫作。中午用餐完後，一點半準時繼續考口試。考試的家教找了一位英國好友，每天下午一點準時過來，兩個星期來從不間斷，口試完給評分加上給寫作打分數。

終於到了考試當天，雖然緊張在所難免，不過因爲早已習慣了這樣的作息，所以也還挺安然自得的。進到了考場，上午進行的一切就跟我之前演練的一模一樣，所以得失心也就沒有太重。下午，變數就比較多了，畢竟要直接面對考官，對方是什麼樣的人，會不會影響到我口說的表現，我也拿不準。因爲我往往碰到嚴肅的人，就更緊張。親切的人，就會不小心廢話太多。

等沒多久，就輪到我了。眞有意思，想到那時面試的心情，到現在寫這篇文章時，我的手心還會流汗呢！

✷老奶奶考官的最終回

一進到教室，對面坐著一位上了年紀的女性考官，一副慈祥老奶奶的樣子，活脫像電影裡搖著椅子跟小孫子說故事的模樣，眞是友善。她臉上掛著微笑，示意我坐下來，而我也很禮貌地回了聲謝謝，接下來就是硬碰硬的對談時間了。

「哈囉，你好嗎？」老奶奶考官親切地說。

「非常好，很高興看到您。」我也卸下了一些心防。

「你可以簡單地自我介紹一下嗎？」話剛說完，奶奶竟然就很自然地用雙手托著下巴，一副想聽我說故事的模樣。我？說故事？說故事不是老奶奶的事嗎？喂！心差點飛掉了。

「我叫 Joseph，來自台灣，台灣是個美麗的寶島，之前曾被葡萄牙人叫做 Formosa，就是美麗寶島的意思。我來自台北，台北就跟其他的大城市一樣，非常擁擠，但很方便。剛搬來倫敦沒多久，希望能夠考過雅思測驗，能夠有機會在英國念書。」緊張歸緊張，該說的還是要說。

「喔，台灣啊，美麗嗎？」老奶奶繼續慈祥地問著，頭還往旁邊側了一下。「我從來沒有機會去到台灣呢。」

「真的？那你有機會一定要來台灣看看，台灣有最高的摩天大樓（當時還是），最友善的人群（目前還是），還有，最好吃的小吃（一直都是）。」說到這，我可是對我們台灣感到相當驕傲。還有，我緊接著再補上一句：「台灣是 Taiwan, not Thailand（泰國）。We don't make Thai food（泰國菜）。」這是外國人最容易搞錯的部分，說著說著，我們都笑了。

就這樣你一句、我一句的，我和老奶奶閒聊了起來。言談之中雖然笑聲不斷，但是內心卻也不斷淌血，殊不知俗語說得好：「多說多錯，少說少錯，若眞要說，挑重點說。」後面兩句我自己加的。

結果還眞的被我說中了。遇到嚴肅的考官，我比較會字字斟酌，畢竟口說考試著重的不只是答題內容，還有文法及口語的流暢度。而我，因爲主考官是老奶奶，就完全卸下心防，廢話不斷……這下眞的慘了，上午好不容易努力的一切，下午就破了功。早知如此，何必多說。

就在老奶奶問完最後一題後，她看到了我剛才答題時在試卷上畫的心智圖（英文叫 mind map，是幫助我邏輯思考的工具之一），她竟然還跟我說要收回去給她留念。她眞的是說了：「It looks interesting, can I keep it for memory?」（這看起來很有趣，我可以留作紀念嗎？）妳都說了，我能不給嗎？微笑地遞給她，再次謝謝她的寶貴時間後，我就緩緩地走出試場。

一出門口，看到秀美，我第一時間就說：「完了，剛才眞的是廢話太多了啦，完全超過時間。都是因爲主考官長得太慈祥，一副老奶奶樣，加上她過程中一直笑，害我忍不住一直聊，眞是言多必失啊。」不等我太過沮喪，秀美很快就接著說：「那有什麼關係，很多人想多講還沒話可說哩，搞不好輕鬆一點反而聊得更好啊。」嗯，妳現在倒是很正面思考了。「可是她最後還把我的筆記拿走了，說要留作紀念。」「紀念？這不是剛剛好嗎？讓你不要看到就傷心啊，呵呵。」這種風涼話虧妳想得出來。

秀美繼續接著說：「也許，老奶奶就要退休了也說不定，她是要在職場上留下最美好的回憶啊，你搞不好就是她最後一個考生，老奶奶的最終回呢，呵呵。」

其實，這也何嘗不是我們的最終回了？我們學生簽證已經延簽過一次了，如果這次沒過，我就眞的得要回台灣了，所以我才會那麼沮喪。

十天後放榜，我竟然順利的通過了。而最令我驚訝的其實不是通過考試這件事，而是老奶奶給了我平常口語模擬測驗都拿不到的最高分。這不會眞的是她最後一場考試了吧？

逆轉心理學：定勢效應

✷觀念改變，態度就變；態度改變，眼界就變

人跟人首次碰面時，會有許多有趣的心理效應順勢而生，例如第一次見面時彼此產生的第一印象，就跟首因效應有很大的關聯。但是，建構在既定的認知上，我們又容易產生各種定勢效應，即俗稱的「刻板印象」，例如我們常常會認爲工程師是男的，護士是女的。

看看下面這段小短文吧：

某天，有位警察局長在跟一名路人說話，說到一半，突然一位小朋友緊緊張張地跑過來對警察局長說：「你爸爸和我爸爸吵起來了！」路人

問局長：「這孩子是你的什麼人啊？」局長說：「他是我兒子。」

請問你認為，這兩個吵架的爸爸跟警察局長是什麼關係？

很混亂是嗎？沒關係，在這則小測驗裡，幾乎所有的成年人都沒有答對這題，直到問到一個小孩子時，他很快就答了出來：「警察局長是女的！吵架的這兩個人是她的先生和公公。」

很有意思不是嗎？因為大部分的人都會定勢性地認為警察局長是男的，因而在關係的認知中被混淆了。

當我一看到考官是老奶奶，當下的直覺就是她應該很「慈祥」，瞬間就變得沒那麼緊張，轉化了當時緊繃的心情與氣氛。接著又聊到我最喜歡的台灣，我就一邊大力推銷台灣，一邊與她對談，就像我之前提到的泰國菜，外國人這就是被 Tai 這個發音所定勢了。所以當我能夠輕鬆地用到這個笑點時，老奶奶也覺得有趣，對我也沒那麼嚴肅了。

我們跟人相處，看到一個不認識的人穿著西裝、打著領帶，往往會認爲對方應該是上班族，你跟對方打招呼的方式，就不會用黑人唱 rap 慣用的擊掌手勢來打招呼，反之亦然。所以如果我們看到不是那麼喜歡的人、事、物時，若能避免負向的定勢效應，也許我們能夠看到對方都不曾展露的美好一面？

換個角度來看，如果你是那名考官，一位跟妳說話就像如臨大敵一樣的考生和一位把妳當成家人般輕鬆聊天的人，你傾向會給誰好一點的分數呢？

所以，練習對人有更全面性的彈性思考，避免固有的定勢效應，改變自己的慣性思維，也許你還可以改變別人對我們自身的成見，爲雙方打開更新的眼界，創造更多逆轉的機會。

十四間研究所的拒絕信

好不容易通過了雅思的語言測驗，緊接著要面對的就是塡寫研究所申請表了。心理學在英國發展的歷史悠久，而知名心理學家佛洛伊德人生最後的落腳處也是在倫敦。英國心理學科劃分很細，南從英格蘭的普利茅斯大學、倫敦的西敏寺大學，北到蘇格蘭的愛丁堡大學甚至西到愛爾蘭的都柏林大學等等，只要是跟心理學相關的科系我都塡了，總共申請了全英國十七間研究所。當時很希望能夠學習更多有關諮商方面的心理學，以便日後能有更多相關經驗回台灣幫助人，尤其當時我周遭有許多朋友都爲心理疾病所苦。然而，由於我空中大學的成績並不突出，加上念的是隸屬社會科學系的心理系，讓我在申請的過程中屢屢碰壁。那時的我常向上天祈禱，不求自己像那些每間學校都爭著要的優等生一樣，百發百中，間間錄取。我只有一個屁股，只需要一張椅子，只能去一間，但求只要有一間願意收留我就好了。那種沒自信的感覺，我到現在都還很難忘記。

然而，現實畢竟是現實，到目前爲止，幾乎所有研究所的回函內容都是千篇一律：「我們很感謝您的申請，但必須很遺憾地通知您，我們無法給您入學許可，敬祝您申請順利。」申請順利？你們都一直拒絕我，連一個條件式入學的機會都沒有耶。我的挫折感開始不斷地加深。

牧師的祈禱

當時英國的好友們也不斷地爲我祈禱，希望我能留在那裡。教會的主任牧師麥爾坎寇克斯還很妙地跟我說，他不但祈禱我會留在英國，更祈禱我跟我太太能夠留在倫敦與他們一同服事教會，我當時覺得他的信心還眞大。同時，我們的室友娜爾也爲了讓我們能夠留在倫敦而不斷地禁食禱告，有時候我都覺得很捨不得。

不過話說回來，要留在倫敦談何容易？倫敦的大學有數十間，不是每間都有心理相關的研究所，而且良莠參差不齊，讓我無所適從。之前在找有哪些研究所可以就讀時，英國從北到南的學校我都不放過，花了我很多時間。有天秀美在瀏覽各大學簡介時，突然間看到了一間倫敦大學附屬的教育研究院*（注釋：教育研究院在二〇一四年十二月併入倫敦大學學院，正式更名爲UCL, Institute of Education.），問我要不要試試看？那時我心想反正再多一間也無妨，就抱著姑且一試的心態看看。

那時剛好有教育研究院的Open Day*（注釋：英國大學普遍會有的開學前的參觀日，讓學生有機會可以與教授面對面交流，好讓學生更加了解該科系，確定自己就讀的意願。）我花了好幾天的時間上網查發展與教育心理研究所的資料，因爲這是我看到唯一一所與心理學相關的系所，而且也和我過去所學的科系相近。當時系所的負責教授叫做理查柯文，我研究了他相關的論文、他的照片、他過去教過的系所、目前在指導學生的題目、甚至他未來的研究方向等資料，最後鎖定他在人類記憶以及自閉兒方面所發表的論文做更深入的研究。

✷ 倫敦大學的 Open Day

在 Open Day 那天，我遍尋不著柯文教授的影子，心理負面的聲音又出來了：「會不會剛好柯文教授今天沒來？」「會不會他已經走了？」「會不會他已經不是系所負責人了？」「會不會……」心理一大堆聲音，讓心慌意亂的我像失了魂似的，走過許多攤位都沒有留意。

正想走去樓上的咖啡廳稍微休息一下時，竟然就在轉角處望見柯文教授迎面走來，心跳的幅度大到只差沒飛出來了，這大概是繼我看到秀美之後最緊張的一次面對面接觸了。但是這麼難得的機會，怎可就此放過？於是我也沒有多想，一個箭步就上前跟柯文教授打招呼。

「嗨，您是柯文教授嗎？」我語氣堅定但內心緊張地問著。

「我是啊，你是？」教授一臉疑惑。（後來我才知道英國人普遍不習慣被人攔截對話。）

「我叫 Joseph，是台灣來的學生，我對您研究人類記憶以及自閉症兒童的那幾篇論文印象深刻呢！」我興奮地說。

柯文教授睜大眼睛問：「喔？是嗎？你說的是哪一篇？」

那時我雖然興奮，之前也眞的詳讀過他的研究，但是一緊張就不知道該怎麼說才好，尤其怕萬一講錯，不就糗得更大？不過我還是戰戰兢兢地回答：「就是您之前研究兒童語言發展的那一篇，我還記得您提到語言發展與算術也有很大的關係，我覺得特別有趣。」

想不到柯文教授竟然笑了出來，大概是難得碰到這麼捧場的粉絲吧。他開始問我爲什麼對兒童發展以及心理相關的研究感到興趣，有沒有想要研究什麼相關的主題等等。

「其實我是台灣來的學生，對心理學這塊一直很感興趣，之前還服務過一些心理方面遭遇困境的朋友，所以我是抱著一股熱情來學習的。尤其我已經三十多歲，已經過了一般的就學年齡。」我接著說：「您的研究很觸動我，我眞的很想在您這裡學習，如果有幸得到這個機會，我一定會非常努力做研究的。」

「喔，那你不如到我們系上的攤位看看，我們來聊聊看你想要做些什麼吧！」柯文教授邊走邊指向他系所的攤位。

我們就這樣邊走邊聊，甚至聊到對咖啡的喜好等等。但是，到了攤位也沒能聊太多，他就繼續去忙其他的事情了。

回到家後，跟秀美聊著今天一起到 Open Day 的收穫和感想。其實我是相當正面的，也覺得彷彿看到了一絲希望，但是不安全感又很重，不知道未來會是如何。尤其我已經陸陸續續收到了十四家研究所的拒絕信了。

✷神秘的信件

Open Day 結束後沒多久，我回家就決定好好塡寫教育研究院的申請資料，並且加倍認眞思考未來可能的研究方向。二〇〇六年二月的某一天傍晚，我拖著精疲力竭的身子打工完回到家，在信箱中看到了一封從倫敦大學寄來的信件。我一邊納悶著，一邊打開來想看看究竟。一方面是我對於申請的倫敦大學不太敢抱有太大期望，另一方面則是對於學校寄來的信早已有了被拒絕的心理準備，於是也相當平常心。打開來後，看到上面大大的兩行字：

To Whom It May Concern:

We are pleased to give you a conditional offer...

還沒反應過來的我，一邊心想這是什麼消息，一邊又在想這是眞的嗎？把信件讀了一遍又一遍，甚至問了秀美確認其中的意思，才眞的明白到這眞的是一封入學通知書，只不過是有條件式的入學申請書。對我來說，有條件、沒條件不是重點，重點是有人給我機會。這封信眞的是讓我驚嚇到不知該說什麼才好。

對一個從來不敢幻想自己可以念到大學畢業的人來說，碩士班的入學許可簡直像是天方夜譚，說實在話，我爲此激動到好幾天睡不著覺。雖然不知道這封條件式入學的錄取書是否跟柯文教授有關，但我知道，這是我做夢也想不到的神蹟。

✷錯把教授當成電銷人員

在被倫敦大學正式錄取之前，我也發生過因為英語能力不佳而給教授留下不好印象的尷尬紀錄。

英國的六月是個相當舒服的月份，也是讓人很想在外面踏青的季節。在一頓宜人的早餐後，我決定與其在家中枯等學校的通知，不如趁機出去走走散心。於是，就決定去 **Kew Garden** 這座倫敦最有名的皇家公園野餐。帶上了各式各樣的三明治、餐具、野餐墊等等，我和秀美及室友娜爾就放鬆心情，前往離家約一個半小時捷運車程的皇家公園。

才剛到公園沒多久，愉悅的心情就被大大小小的行囊給拖垮了，原本想好好享受一頓浪漫野餐的想法，立刻被許多奇奇怪怪的想法取而代之。「為什麼要帶這麼多東西出來？」「為什麼不在公園旁買就好了？」甚至還說：「是誰提議要出來的？」好吧，既然東西都背出來了，既來之，則安之，就想辦法把東西都吃完，以免到時還要再拖著相同重量的東西回去。看來也只能這樣安慰自己了。

沒想到，就在雙手都拿著滿滿雜物的時候，我的手機突然響了。「手機響了？是誰？有誰會在這個時間找我？」心裡不禁納悶著。響著、想著，還是決定趕快接起來。

「Hello？」用一口破英文問候著。

「@#$%^&*...」對方很快地講了一堆，我實在聽不懂。

「What？」我用我有限的單字繼續問。

「#$%^&*@#...buying phone for free...」雖然實在聽不懂，但是，突然間有單字我聽得懂了。phone？電話？我才剛買了，不太需要喔。

我只好再把有限的單字擠出來：「Thank you...but...I don't think I really need it.」「#$%^&*@#...Please…」嗯，好像是在跟我求什麼？

「I said, I don't really need it.」同樣的字詞講兩遍，好像有比較熟練了，我心底還沾沾自喜。

「OK, bye.」對方好像不太甘心地掛上了電話，大概他也覺得跟一個英文很破的人繼續講下去也不會有結果吧。

秀美問我是誰打的，「應該是賣電話的 sales 吧？」我一派輕鬆地說。

才掛完沒多久，電話又響了。

✷另一通來電

「Hello, @#$%^&*..., is this Joseph Chen?」什麼跟什麼？中間講了一串我完全聽不懂的話，最後倒是聽懂了，我的名字，Joseph。一定又是 sales，這次連我的名字都可以說得出來，也太厲害了吧？

「I said, I don't really need a phone.」我完全不加思索地回應著，一句話講了三次，嗯，又順溜了不少呢。

說時遲那時快，對方緊接著說：「@#$%^&*@#$... I am Professor Patrick...@#$%^&*...」哇靠，中間的部分我聽懂了。這下糗了，不會是大學的教授親自打來了吧？

莫非定律說：「凡是可能出錯的事，必定會出錯。」

還沒等對方回覆，我趕緊把電話拿給了我那英語流利的太太：「親愛的，妳幫我聽一下，會不會是大學打來的？」

然後我只好無奈地在旁邊聽著太太怎麼跟對方回應。講了差不多三、四分鐘吧，感覺卻好像過了一個小時那樣漫長，秀美終於掛掉了電話。

「怎麼樣？到底是誰啊？」我緊張地說。

「眞的是大學教授哩，而且還是你申請的其中一間呢。」秀美微笑著說。

「不會吧！這眞的是太尷尬了，對方怎麼說呢？」不等她把話說完，我緊接著問。

「對方叫做 Dr. Patrick，是羅漢普頓大學健康科學系的教授，他問你是否有申請他們學校的碩士班，還有問你的英文程度還好嗎？」

「那妳怎麼說？」我心跳得比什麼都快。

「我說還好啊，說你正在語言學校學習，只是今年可能來不及達到英語要求的標準了，還順便問了他明年是否可以繼續申請。」

「喔，眞的是太丟臉了，我大概明年也不敢再申請了吧。」長那麼大，從來不曾感到的尷尬感油然生起，也不知道對方會怎麼想。

「沒關係的，他們碰過很多像你這樣的學生，只要努力，明年也許還有機會，你永遠不知道上帝會怎麼祝福你呢。You never know.」秀美一派輕鬆地說著。

「妳怎麼這麼有信心？我丟臉都丟死了。」我只好無奈地說。

英語不好就算了，還把對方當成業務的態度來回絕，我如果是教授的話，肯定氣都氣死了。沒辦法，臉都丟了，只好祈禱明年教授能夠淡忘，再給我一次機會了。

次年六月，派翠克教授還眞的如約又打電話來，那時我的英語程度已經大幅進步，不只通過了雅思六點五的測驗，而且還收到倫敦大學的條件式入學許可。這次我終於可以用流利的英文跟教授對話了，謝謝他願意給我這個機會！

逆轉心理學：首因效應

✵把握每次機會，展現最好一面

關於十四間研究所的拒絕信，我不想談太多自己越挫越勇的信心，反之，我想探討的是當有這樣面試的機會來臨時，我們如何反客爲主地了解對方的心態，善加運用心理學中的首因效應＊（注釋：德國心理學家艾賓浩斯在他一九一三年所發表的系列位置效應（Serial Position Effect）論文中，首度提及首因效應（Primacy Effect）的概念。首因效應強調人們在第一次碰面時，往往會對別人的外表、行爲或是說話產生相當程度的定勢效果，進而形成一種特定的主觀感受。）

就像考試時要能夠掌握命題的範圍、考古題、甚至不斷地演練，這些功夫都少不了。所以在大學的 Open Day 裡，我事前確實對柯文教授過去所發表的論文下足了功夫，多方演練，甚至非常清楚自己就是要找到他。而對教授來說，也許他在倫敦大學中頗負盛名，但是出了學術圈或許就沒那麼有名了。不過畢竟人都是需要被別人肯定的，就像他也希望自己所發表的論文被編審肯定一樣。所以，當你有一位學生了解你就像粉絲了解明星一樣，你會不會被他的努力感動？

當然之後的發展並非我們所能掌握，但我們可以自問的是，我們是否對於每一次的機會都做足了準備功夫？當機會來臨時，你要呈現什麼樣的第一印象給對方？

不只是考試，首因效應也被普遍地運用在工作面試、銷售提案以及第一次面對客户時等情境中。甚至連要交新男女朋友時，我們都會極力地在對方面前留下良好的第一印象。

我身邊不乏許多有創意的朋友，其中有一位就曾經跟我分享過他是如何運用首因效應加上個人創意，找到他的其中一份工作。

小莊讀的是音樂相關科系，但想找到相關產業的工作似乎不是那麼容易。某天，他得知公關經理協會將要辦一場演講，會邀請知名製作人王偉忠當嘉賓時，他就馬上報名參加了。

演講當天，他特別早到去排隊，刻意找到了最前排王偉忠正對面的位置，會後還立刻找機會跟對方簡單攀談一下，順便遞上名片。

之後他也沒閒著，找了當時最陽春的錄音設備錄了一卷長達三分鐘的有聲履歷錄音帶，隔了幾天就打電話給王偉忠的助理並要求見面。當時對方正在籌備台北之音的開台準備工作，雖然忙碌，但是也挺缺乏人手，於是便答應了他的會面要求。

一碰面，還存留著上次演講的好的印象，加上他還用了別人從未用過的有聲履歷錄音帶，兩人相談甚歡之餘，王偉忠竟也就答應給他一個台北之音文化公司的儲備主管工作。爾後小莊的太太甚至還成為王偉忠當時在MCA的秘書，一家人為這間公司初期的籌備工作盡了不少心力。

其實我們可以發現，市面上的工作那麼多，真正用心在工作上的人卻相對的少。如果在每一次機會裡我們都能盡力做好我們能做的部分，甚或超越對方原本的要求和期望，哪怕你像我一樣被十四間研究所打槍、被數十個工作回絕，只要抓住一個機會好好利用，相信一出擊就能達到目標，逆敗轉勝！

我雖然被十四間研究所拒絕，但是還是很感激後來收到了派翠克教授的羅漢普頓大學以及倫敦的布魯內爾大學等另外兩家的條件式入學許可通知。

附錄：英國大學申請參考

普遍來說，申請英國的大學首先要準備的是雅思英語測驗能力證明、自薦函，過去學校的成績、兩個以上的推薦人、填寫該校的申請書等等。寄出這些資料後，依照各校的要求不同，會給予不同的條件式入學可能。譬如說，有些學校要求我要參加教授額外的面談，並會要了解我就讀該科系的原因與研究方向，像派翠克教授就是先做了電話端的訪談，再來決定要不要與我做面對面的會談。

有些學校則要求參加入學前的先修課程，如果有通過，才願意給入學許可。有些學校甚至會要求入學測驗考試，例如我申請的倫敦大學教育研究院就會要求一到三篇不等的論文筆試，有些人則是收到要寫三到四篇文獻的review，會給書單，可以擬定寫作方向，交卷後一到兩個月後才會告知是否有通過。

總之每間學校的要求條件都不盡相同，世界排名高的大學不見得要求比較多，排名不是太高的大學也不見得要求的少。總之同學們在報名申請時要確保有讀懂入學的條件，並用心地加以準備。

第一次考試就被當掉

拿到倫敦大學的條件式入學許可後，緊接著就要開始準備入學的論文考試以及相關的英文測驗了。我當時已在網路上結識了一些正在就讀該學院的學長姊，於是便趕緊請教他們準備的方向，做足了事前的準備工作。

考試分爲三個階段，首先要能夠準備一到三篇不等、由學校要求的兩千五百字論文，我被要求了兩篇。接下來，要參加一個爲期近兩個月的先修班。最後，除了要通過先修班的考試之外，還要在班上組成研究小組，完成一份論文報告以及通過最後的口語簡報，這樣才有可能通過條件式入學而得到正式入學許可。

同年九月，我終於通過了先修班的所有測驗，拿到正式入學的許可，那種內心的激動眞是言語難以形容。過去幾個月來被十四間研究所拒絕的感受還記憶猶新，現在拿到的卻是英國倫敦大學教育研究院的正式入學通知單，這種反差眞的很大。

二〇一四年，倫敦大學教育研究院甚至首次超越牛津、劍橋以及哈佛等知名大學，在QS世界大學教育類排名第一。牧師及教會祈禱希望我和太太留在倫敦，只是我們做夢也沒有想到是以進入最頂尖大學的方式留下來。

✷研究所的第一次考試

「入學」並不代表能夠順利「畢業」，入學後其實才是挑戰的開始。

班上的同學有七成是本地的英國人，其餘則來自四面八方，除了

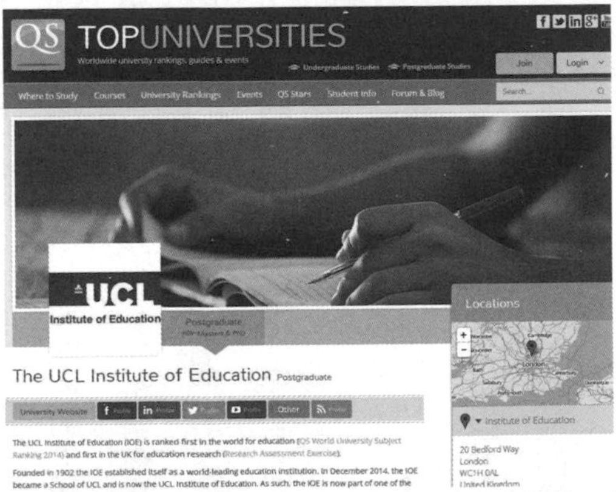

倫敦大學教育研究院在QS世界大學排名教育類第一名

有從歐洲各國來的學生，還有一位來自沙烏地阿拉伯的公主。也許是因為心理學專有名詞太過深奧，才剛開始上課，我就發現我有太多名詞根本不熟，例如我們常會用到的「精神分裂」，英文是Schizophrenia、「杏仁核」的英文是Amygdala、「睪固酮」是Testosterone等等，不只要背心理學名詞，連生理與醫學的專有名詞也要背。講中文都聽得懂，但轉成英文就常常會錯亂。用中文講「幻聽、幻覺」這些詞，就算沒學過心理學，我們光聽中文也能大概猜到這是指聽到不眞實的聲音或看到不存在的個體，但英文學名卻叫Hallucination。這些單字對華人來說眞的比較難聯想。

因此，雖然有之前在台灣念心理系的背景，但接觸到這許許多多又長又難記的英文名詞時，我眞的得花許多時間下苦功背誦。雖然我讀得相當努力，但是第二個月做完了第一次論文報告及測驗後沒多久，我竟然收到學校的通知說我第一科被當掉了。

之前被許多學校當掉、退學的經歷都還記憶猶新，想不到來了英國還是逃不過這種命運，我著著實實地被嚇到了。

✷不到絕處，焉能逢生？

當時班上有四十位同學，不過很意外地，全班只有兩位男生，一位是我，另一位是看起來相當年輕的英國帥哥，一問之下，我才知道他是猶太人，家世背景不錯不說，人也很有英國紳士風度。我們從一開學就坐在一起，畢竟對心理學感興趣的男生還眞的不多，所以我們也培養出相當不錯的革命情感。

被當掉後，我痛定思痛請他幫忙，還和另外兩位女同學一起組了個讀書會一起念書，互相激勵。同時，學校也願意再給我一次機會，如果第二次考試的分數與當掉的分數加權起來超過六十分就算我及格。所以我一點也不敢大意，希望能夠掙脫一再被退學的心理陰影。

在那段時間裡，我不但早上從八點就開始進學校圖書館念書，晚上還繼續和在美國攻讀博士班的大弟視訊討論讀書方式。在每個月一次的 tutorial 裡（每個學生都會被分配到一個類似助教的角色，幫學生解答所有和讀書有關的問題），我也針對我被當掉的事跟教授做了許多討論。追根究柢，教授認爲我第一次考試之所以會被當掉，原因是批判性思考的能力太弱，整篇論文裡完全看不出來我的主張是什麼、我的論述是建立在哪些研究背景下。所以，大弟安志爲了幫我建立批判思考的能力，從美國寄來好幾本有關批判性思考和論文寫作等最新的原文書籍幫我打基礎，但他並不直接告訴我該怎麼寫。

現在想想，眞的很感謝他的用心良苦，畢竟給人魚吃不如教人捕魚，透過親身努力而建立起來的讀書能力才能持久。現在教小朋友時，我也會提醒自己，不要總是直接告訴他們答案，而是要幫他們建立自己找答案的能力。爲了打下好的基礎，就算花再多時間也值得。

✷充滿智慧的心理教授

猶記當天在珍赫莉教授的辦公室，跟她的一番對話也讓我印象深刻。

「學習的狀況都還好嗎？」珍一開始就關心地問。

「嗯，應該還行吧。聽課的狀況雖然有越來越好，但還是有一科不幸被當掉了。」我有點難過地繼續說：「我覺得我們上的課實在太少了，還沒吸收完就開始要產出了。」

「喔，你的意思是？」爲了確認了解我的意思，珍繼續問著。

「我的意思是東方跟西方上課的方式很不同，在台灣，就算是研究所也有許多課要上，有許多學分要修，不像在這裡，好像放牛吃草一樣，太自由了。」我的話聽起來有點像在抱怨。

「所以，你是希望多上一點課？」珍這下可好奇了。

「是啊，沒有老師教，怎麼會有 input？」我說得一副理直氣壯的樣子。

「況且這邊的學費不便宜啊！」連學費都搬出來了。

「那麼，我請問你，你是在念大學還是在念研究所？」

「這……」沒等我反應過來，珍繼續問：「那你覺得什麼叫做 Master，爲什麼碩士叫做 Master Degree？」看來她一點都沒有脾氣，繼續輕聲地說。

「Master？具有專業能力的人？很厲害的人？」這下我可尷尬了。

「如果想要成爲 Master，卻還是要仰賴老師來教，這樣的學生你覺得可以叫做Master嗎？」珍繼續說：「如果一個Master沒有自己做研究的能力，他要如何成爲Master呢？」

果然是心理學家，從頭到尾沒有用任何的直述句回答我的問題，卻不斷用問句來啓發我的思考，用問句回答問句。過程中也沒有被我情緒勒索般的態度所影響，眞的是Master中的Master，有智慧的教授啊！就這樣，我終於明白了東西方教育的不同，也更加明白爲什麼大弟寧願要寄書過來，也不願直接幫我寫作業了。

話雖如此，但畢竟我已經被當掉一科，心裡眞的很希望能夠有人幫幫忙，起碼讓我度過這一次的難關吧。然而，不只是博士班的大弟狠下心來要我學到教訓，連那位英國男同學也鼓勵我不斷地寫、不斷地試，千萬不要養成得過且過的習慣。所以除了不斷練習突破外，我也只能靠禱告把一切的憂慮都交託給上天了。

第二次考試快來時我緊張得要命，怕被當掉的精神壓力更是大到無以復加，彷彿念心理學念到自己心理都快出毛病了。那時我就開始對自己做一些正面的喊話：「嘿，你難道忘記進到教會後，你連考試都變得很順利了嗎？看看你的雅思考試，不是順利通過了嗎？還有入學考試，不也都順利通過了嗎？當掉只是一種不讓你太過驕傲的方式罷了，你這次也一定能夠順利通過的！」大信心眞的是建立在許多累積的小成功上，我告訴自己，這次我絕對不會再讓家人失望，哪怕是要把數十本課本背下來，把數百篇論文研究完，都要把自己的潛能給完全開發！

在這當中，除了參考更多以前碩博士生寫的論文之外，我也開始閱讀許多高階或英國最新的心理相關期刊。拿著台灣帶過來的心理教科書與最新的期刊對比，發現台灣的不只參考文獻年代過於老舊（許多還停留在一九六〇或是七〇年代的研究），連寫作手法都沒有很大的改變，赫然發現自己原來還停留在過去的思維，一點長進都沒有。於是毅然決然丟棄中文書籍，讓自己完全融入西方的教育方式，甚至試著逼自己寫到博士研究的論文字數與深度，希望能夠提升自己。

想不到，就像在小學時覺得加法簡單、除法很難，到了國中就覺得加減乘除一點都不難一樣，因爲自己的能力明顯提升了，壓力自然就下降了。當自己開始願意認眞地花功夫扎根，我竟然明顯感覺到那種成長的喜悅，甚至開始享受讀書的樂趣，這一切眞的是太不可思議了！

逆轉心理學：棉花糖實驗

✷延遲滿足還是即時享樂？

第一次考試就被當掉的壓力是巨大無比的，但是我當時減壓的方式卻相當不成熟。由於白天太太上班，只剩自己一個人讀書的環境對我來說實在充滿考驗，一不小心就會想要瀏覽台灣的網頁一解思鄉之苦，還會忍不住在ebay上亂買東西。還好當時臉書還沒風靡全世界，要不然下場可能會更慘。

爲什麼專心這麼難？爲什麼我不能等到把論文都寫完了再來好好放鬆？美國史丹佛大學教授華特米歇爾也對這個問題感到興趣，於是設計了一個叫做「吃掉棉花糖」的有趣實驗，目的是要測試幼童們對於延遲滿足的反應，並分析多年後他們的人生發展。

研究人員找了三十二位平均年齡四歲，男女各半的幼童來做測試。實驗方式爲每次找一位小孩進到房間，讓他們看到桌上擺的棉花糖，然後研究人員就會告訴小孩說：「我等一下會離開房間幾分鐘（約十五分鐘），在我回來以前，如果你能忍住不吃掉桌上這顆棉花糖，等我回來後，我就會給你兩顆棉花糖。」實驗結果發現，只有三分之一的小孩能夠忍住不被誘惑，直到研究人員回來。

這個一九七〇年施測的研究，讓米歇爾教授在一九八九年再度發表了另一篇論文，研究指出當時能夠自我控制不拿第一顆棉花糖的那三分之一，竟然有著比其他孩子更高的SAT學術能力分數。甚至多年以後，那些孩子依然有著更高的教育程度以及更好的體質量指數（BMI）。

研究發現孩子成功的關鍵，就在於能夠自我控制，延遲享樂。爲了「未來」更好的獎勵，願意拒絕「現在」唾手可得的誘惑。美國作家波沙達及愛倫辛格甚至根據這個實驗，寫下了暢銷書《先別急著吃棉花糖》。他們發現，成功的人士幾乎都有著能夠延遲享樂的能力，甚至能夠忍別人所忍不了的苦。例如爲了要存下更多的錢，願意犧牲吃大餐或購買東西的誘惑；爲了要成就更高的學術地位，願意犧牲出門玩樂的時間等等。

二十三歲的史丹利終於如願以償進到了一家美商的旅遊公司工作，但他只有高中學歷，一開始只能在公司當送件小弟。九點才需要上班打卡的他，自我要求每天八點就到公司協助開門，甚至也願意晚上加班幫同事處理他們處理不完的公務。

有一天剛好負責電報的小姐度蜜月請了婚假，由於史丹利平常就會幫她做收發電報與上傳資料的額外工作，於是理所當然地成為職務代理人。此外，在送件時，史丹利也經常主動幫忙業務部門做對外聯繫，於是在業務部門有空缺時大家就第一個想到了他，讓他嘗試接下機場接送的職務。當業務有空就約客戶去KTV時，史丹利反而留下來思考如何精簡業務流程，甚至對客戶主動提出旅遊相關訊息、路程交通時間以及轉駁時遇到問題的解決方案等等。過沒多久，他就成功地建立起公司與觀光客和出入境管理局官員的良好關係，並成為許多人指定的最佳信息傳遞者。

就這樣，史丹利從送信小弟做到機場接送，再從機場接送做到公司業務，做業務時又協助總務，在短短五年內就晉升為公司副理，別人不願意做的事，幾乎都被他做遍了。沒想到美國總部竟然在這個時候決定關掉台灣的分公司。

當時台灣的分公司由於業務萎縮，連續四年的虧損讓總部決定關掉其台灣所有業務結束營運，這時之前曾經跟史丹利合作過的公司立刻提出優渥的薪資，企圖挖角他。想不到史丹利竟然決定留下來，甚至跟美國籍的總經理提出了一項新的業務計畫。這項新計畫不但不是刪減人力或減少支出，反而，他要求公司加碼給他三十萬元，外加兩個新的人力來支持他的新計畫。

如果你是總經理，你會怎麼想？

史丹利費了九牛二虎的工夫遊說對方，外加以他可能會離職為籌碼

（當時他肩負整個業務部，離職可能會產生連動效應），請美籍總經理道格拉斯給他半年的時間來嘗試重新規畫公司的定位（成為旅行業的中盤批發商），不再用過去美國慣用的銷售模式（與其他的旅行社搶食當地的旅遊業務）。

半年後，公司首次出現盈餘，且在接下來的半年內，盈餘所得甚至超過了過去四年的總和！美國總部由於其不可思議的卓越績效，不但決定不將台灣的分公司關門，反而將道格拉斯提升到亞洲區任副總裁；而史丹利則升任為台灣區總經理。這年，史丹利只有二十八歲，而且是全球唯一非美籍的地區總經理。而他，只有高中學歷！

史丹利就是美國運通在全世界首位提拔為非美裔總經理的嚴長壽先生。在他的帶領之下，美國運通不只成功轉型，其台灣的業務在接下來的四年內甚至成為全國最大的歐美旅行批發組織，嚴長壽並且在該年獲得美國運通全球十大最佳經理人之一的殊榮。

嚴長壽的故事很激勵我，我也是只有高中及空大學歷，但是卻有機會到英國學習。如果他都願意花比別人更多的時間延遲享樂，努力做更多額外的工作。那麼，我有什麼藉口讓自己即時享樂，只想捷徑呢？雖然不是不願意活在當下，但是，如果每天八點就到圖書館報到，堅持努力讀寫論文、研究期刊能夠讓我順利畢業，那忍住不看網頁就算一年，又有什麼大不了的嗎？

有一天晚上，看到太太秀美拖著疲累的身子打工回家，心裡眞的有千千萬萬的不捨，内心也暗自告訴自己，一定不要辜負她的苦心！

最後，我也沒有辜負教授及大家的期望，隨著我願意花更多時間認眞做研究以及讀書會的交叉學習，在第二次的考試裡我順利以加權超過六十分的論文成績，成功突破不會念書的命運，掙脫了被退學的枷鎖！

忍受延遲享樂的困難程度，決定了你我美好未來的成就高度。

畢業證書與湯姆克魯斯的不可能任務

✷成為倫敦大學台灣學生會的首位碩士會長

通過驚險的第二次論文測驗，進到研究所也已經好幾個月了，接連通過了第三次、第四次的論文報告，我終於比較能夠掌握念書的節奏，也開始心有餘力參加學校其他的社交活動了。華人學生在教育研究院相對占少數，許多華人還是比較偏向攻讀商業、金融或是其他高技術相關的課程。但是，學生會的關係也因爲人少而更加緊密，大家常常聚在一起彼此鼓勵，不管是中國還是台灣的學生都經常互通有無。

按照學院的傳統，那時台灣學生會的會長通常是由較有經驗的博士班學長姊擔任，畢竟他們在英國生活的時間較久，也比較知道如何與學校互動協調。那時我常藉機向學長姊們請教念書寫作的重點，所以不知不覺也建立了許多不錯的人脈。這是在國外念書一定要養成的習慣之一，在家靠父母，出外靠朋友，千萬不要只跟同年齡或同班的人建立關係。

很快就到了聖誕節前夕，聖誕節對西方來說是一年一度的大事，就像華人的過年一樣。從十二月初各處就開始舉辦各種活動，一路慶祝到明年年初。大學當然也不例外，各式各樣的競賽、表演甚至歌唱比賽紛紛出爐，配上來自世界各國文化的學生，倫敦大學的校園於是交織出一片聯合國般的熱鬧景象。

但此時卻也是許多博士班學長姊壓力最大的時候，因爲他們在新年過後很快就要面臨論文和準備畢業口試，相信博士班的壓力肯定不比碩士班少。緊接著也到了學生會會長交接的時期，由於我平常跟學長姊們建立了不錯的情誼，加上又已經三十多歲，甚至比某些學長姊都還虛長幾歲，於是當年的會長延興就問我是否有意願參選下屆會長。對我來說，其實才剛歷經學科被當、補救通過的階段，雖然我已慢慢掌握到讀書的節奏，但還是會擔心自己心有餘而力不足。畢竟事務一旦交接下來，就得開始安排許多活動，甚至有時還得與學校交涉、與其他學院交流、與台灣駐台辦事處接洽，以及處理許多其他學生的需要等等。儘管內心有點猶豫，但一方面我也很謝謝延興學長的看重，同時也認爲這將會是突破自己極限的一個絕佳機會，所以也就答應了。

到了選舉前的聚餐時間，大家也都鼓勵我，相信我的熱情必定能夠感染更多學生，甚至爲台灣同學會爭取到更多的資源或福利。但是選舉畢竟不能內定，還是要遵循提名、投票、唱票等標準程序，而我也很樂意見到其他學長姊站出來一同爲學生會盡心竭力，於是選舉就在相當歡樂的氣氛下進行。我雖然緊張，但最終也在高達八成的支持率下，成爲第一位在就讀碩士期間就被遴選爲教育研究院的台灣學生會會長。而其他參與選舉的學長姊也很快被我安排成爲副會長及相關幹部等，一起爲學生會的福祉努力。

爾後我們舉辦了多場文化交流表演，與日本、韓國以及中國等學生同台演出。過年期間亦曾邀請英國學生到唐人街體驗中華文化，感受如西方聖誕節般的慶祝慶典。另外，我們還曾多次邀請畢業的學長姊回倫敦交流分享、協助駐英國文化組翻譯及接待等事宜。而我也真的個別從教育研究院、駐英辦事處等爭取到更多的學生會預算。本來以爲會占掉我太多時間的社團，想不到令我收穫頗豐，於此期間還結識了當時駐英國大使張小月，還有網球好手盧彥勳到溫布敦比賽時，我也獲得了受邀觀賽的機會。許多回憶到現在都還令我記憶猶新。

與駐英國大使張小月進行訪談

✷十年磨一劍的畢業證書

你會不會覺得在忙碌的氛圍下常會感覺時間過得特別快？這點我可有很深刻的感受。在英國念書時，我每天強迫自己一早到圖書館報到，有課上課，沒課做研究，晚上再接再厲繼續打拚，這種行程給了我前所未有的充實感。當大部分的考試都通過後，最終要面對的就是碩士論文的最後一關了。

當時我找了同班的那位英國帥哥和另外兩位女同學，一起合作成立了跨文化研究小組，共同研究與分析台北與倫敦兩個城市的數所小學，它們當中單親家庭孩童的情緒商數（EQ）等能力。我們共同指導的教授 **Dr. Petrides** 是英國研究情商首屈一指的專家，在他的用心指導下，我們分頭去了許多學校和社會福利聯盟等機構，希望能找出單親兒童情緒商數的各種數據，以便未來能夠提供更多的社福服務。

然而跨文化研究從來就不是一件容易的事情，更何況我們挑戰的還是在短短的碩士學位期間就要建立起大數據。除了運用基本的統計學能力，加上我之前提到有限的上課知識，很多時候小組成員還必須不斷地互相挑戰與提醒，泡在研究室裡腦力激盪，看相關的期刊，確保我們的研究是往對的方向行進。當時需要參考的相關文獻大概有好幾百篇。

過程中，當然難免也會有衝突與爭執，以及結果與期待不符的落差。不過快樂也是一天，難過也是一天，我們最後竟以超高的效率搞定了所有資料的蒐集與分析、期刊的整理與資料庫建置，完成這項不可能的任務。雖然當時那名英國帥哥還在研究期間旅行摔斷了腿，住院好幾個星期，我們大家還一起到醫院陪他看輕鬆搞笑的DVD，幫助他走出低潮情緒，而他也在次年以優異的成績拿到碩士學位，順利畢業。而我們研究小組的另外兩名成員也很幸運地拿到了相當理想的碩士論文成績，順利在該年畢業。

拿到畢業證書，站上畢業典禮的舞台，從校長手中接過畢業證書的剎那，眞是令我熱淚盈眶，難以置信。若不是上帝的恩典與許許多多好友和家人的相助鼓勵，不要說自己都夢想不到，這是連別人都難以置信的事啊！

看著畢業證書上所寫的「碩士學位」，想到之前在台灣被那麼多學校給退學，眞的覺得教育應該要能夠活用，而不是死背。學生們是需要受到像那位加拿大裔教授春風化雨般的愛所激勵，而不是用打罵教育來鞭策的。如果我們願意花多點時間了解那些在課業上有困難的孩子，也許他們也會成就不一樣的一片天，降低更多的社會問題。

倫敦大學畢業照

與倫敦大學教育學院校長合影留念

逆轉心理學：瓦拉赫效應

✷閱讀障礙也有一片天

直到現在，我有時都還很難想像，如果當初沒有決定出國念書，現在的我會走到什麼樣的田地？會不會一直對自己失去信心，對教育沒有盼望，眞的打從心底認爲自己不是讀書的料，前途無望？

學了心理學後，我才發現原來就連許多有識字困難、閱讀障礙或所謂失讀症（Dyslexia）的人，也能夠在不同領域走出自己的一片天，其中更不乏許多名人＊（註釋：統計數據中發現，普遍有5%～15%的人有程度不一的失讀症狀況，其中患有失讀症的名人有：燈泡發明家愛迪生、華特迪士尼、達文西、美國第一屆總統喬治華盛頓跟第三十五屆總統約翰甘迺迪、台灣歌手蕭敬騰、甚至蘋果電腦創始人賈伯斯等等。）

當時我在英國做自閉症兒童治療的時候，也對許多知名的人士做了不少研究，甚至發現動作片一哥湯姆克魯斯原本有嚴重的識字困難，連劇本都無法閱讀，但他後來竟可以藉由想像來演出諸多膾炙人口的經典影片。

雖然他很少在公眾場合提到他的過去，與此相關的中文文獻也甚少，但我簡單地彙整了一些他曾經口述的部分，歸納成以下這篇故事，希望對大家有些幫助。

湯姆出生於一個平凡的家庭，有兩個姊姊和一個妹妹。由於父親工作的關係，他們必須經常搬家。他在十四歲時已換過十五間不同的學校，橫跨加拿大及美國各州。湯姆的父親有暴力傾向，經常凌虐他們。直到有一天，母親瑪莉再也無法忍受父親的暴行，於是決定與他離婚，而孩子們就跟著母親再次搬家。

學校老師認為湯姆有閱讀困難，而他也一直因為自己無法好好讀書而深感苦惱。湯姆心想，既然識字障礙讓他無法在課業上有顯著表現，不如在體能上多多努力，看能不能有所發展，於是他便全力專注於體能訓練。後來他雖然慢慢在足球及角力上取得一些不錯的成績，但某天他不幸地從家裡樓梯上摔下來，導致膝蓋嚴重受傷，再也無法在運動上有所發揮。

湯姆還小的時候，母親瑪莉決定去念特殊教育學程，好多多了解孩子在閱讀困難的問題，看能不能多幫助湯姆一點。有天湯姆從學校放學回家，跟媽媽說老師建議他去參加學校的戲劇演出，瑪莉突然覺得這或許也不失為一個可以訓練湯姆的表達能力的方法之一，於是便鼓勵他參與。第一次的戲劇演出《紅男綠女》，讓小湯姆對演戲產生了極大的興趣，舞台對他來說簡直就像家一樣令他自在。於是他決定往戲劇發展，而他的母親也陪著他一路不斷地練習。

不過在演戲這條路上，湯姆偶爾也會有低潮的時候，尤其他閱讀劇本時遭遇了不少障礙，過程中瑪莉不斷耐心地念給他聽，並且鼓勵他一定可以做得很好。當所有的人都不看好湯姆，認為他是個問題孩子時，母親卻始終相信湯姆會成為一名優秀的演員，對他不離不棄。

後來，瑪莉的盼望終究沒有落空，甚至遠遠超越了她當初的期望。經歷了許許多多的高低起伏，湯姆克魯斯終於在他入行後的第八年演紅了《捍衛戰士》一片。而一九九六年開拍的電影《不可能的任務》也讓他自此成為好萊塢的一線巨星，完成自己人生中「不可能的任務」。

諾貝爾化學獎得主瓦拉赫的狀況也與湯姆克魯斯類似，湯姆是有閱讀障礙，瓦拉赫則是在文學及繪畫上被老師評為笨拙的學生，成才無望。直到瓦拉赫的化學老師發現他一絲不苟的個性很適合做化學實驗，這才開啟了他走向德國排行第二的哥廷根大學學習化學的機運，並在多年後以有機化學的研究奪得諾貝爾獎。

瓦拉赫效應說明了人的智能發展並不只局限於某一方面，而是有多方不同的可能，如果能找到自己的優勢並加以發揮，相信每個人都有機會成就不同的一片天。關於天賦的部分，我會在最後一章詳述要如何找到自己的天賦才能並且善加利用。

PART4

22K 逆轉勝

工作不設限

剛出社會時，只有高中學歷的我眞不知道要做什麼才好。透過家人的介紹，我才終於有機會到一家服飾公司做 MIS 電腦部門裡夜間資料管理的工作。這是我第一份正式的工作，在此之前我做過各式各樣的兼職工作，包括飯店服務生、西餐廳端盤小弟、柏青哥賭場人員、敦化北路的酒店少爺，還有兩家直銷商的業務。做 MIS 時，我白天還兼賣保險，服務過兩家不同的保險公司。

我眞的找不太到什麼一般上班族的工作，因爲它們大部分都會要求至少要有大學學歷，而現在大學生又滿街都是，早就不値錢了，更別說是我這種學歷的人。所以不難想像，當時的我對未來眞是一片茫然，根本不知道自己到底能做什麼。

到英國後，除了上語言學校外，緊接著要面臨的就是經濟難題。倫敦的物價是眾所皆知的高，一碗麵平均要價四百多元台幣，一間位於市中心，六、七坪左右的套房，月租金平均約為台幣四萬多元，公車則是一趟兩百元上下。光是食住行外加一點消遣娛樂就會破十萬，沒有額外收入真的會坐吃山空，更何況我們又不是富二代。

秀美很快地在我們住家附近找到一個花店的打工機會，每週排幾天班，至少還可賺到基本的生活費。但英文能力不好的我也很想找個打工機會，這樣一來除了能有兼職收入，還能更快速地提升我的英文能力。不過在英國找工作真的很不容易，如果要找白領的工作更是難上加難，有些雇主還會問我有沒有在英國工作的經驗。我心想：「每個雇主都要求要有經驗，但連一次工作機會都不給我，我怎麼會有經驗？」但是就真的沒人願意給你那個第一次。

想著想著當年那個沒自信的我又回來了，況且這一次還多了語言隔閡的問題。

✷不錯過任何機會

在網路上搜尋許久，好不容易終於看到了一個發傳單的工作機會。太好了，至少不用說英語，而且發完一次可以領到二十英鎊左右的薪水，我求之不得，當然也就心存感激地接受了。結果到雇主那邊一看，堆積如山的傳單，算了一下，這樣挨家挨戶地發，我大概發一整天也發不完，每小時的投資報酬率眞的很低，而且工作內容又無聊。於是我找了我在語言學校最好的朋友一起來賺外快，他是一位來自中東伊朗的高個兒，名字叫穆罕默德。

我們就這樣發傳單發了幾天，二十英鎊的薪水兩個人對分，這樣下來其實根本掙不到什麼錢。後來我又透過仲介去做飯店服務生，不過這份工作也不甚理想，因爲光交通費就要花不少錢，也不見得常有機會排到班表，後來還是宣告放棄。就這樣，三十多歲了，我一個月連 **22K** 都賺不到。

然而後來又出現了轉機。某天上午，秀美去花店上班，途中經過一家星巴克咖啡店，就順便進去問問經理在不在。店員以爲是經理認識的人，於是便進去找經理出來。（倫敦的星巴克有太多外地人想去應徵了，所以經理通常都不太喜歡跟人直接碰面談工作的事情，這種求職方式大多只有被拒絕的份。）所以當經理一走出來，秀美趕緊跟他說我非常懂咖啡，有沒有機會至少跟他聊一下？沒想到經理竟爽快地一口答應，要我過去和他聊聊。這下我可緊張了。（沒工作也緊張，有面試也緊張……）

「怎麼聊？我英文這麼破……」

「沒關係，不去試怎知道有沒有機會？」秀美安慰我說。

就這樣，我花了很多時間努力研究星巴克的歷史、咖啡的種類，以及演練各種狀況，當天下午我就去面試了。面試過程中，我用我蹩腳的英文與對方斷斷續續、有一搭沒一搭地聊著，甚至還跟他分享以前去美國旅遊時（就是去看大弟安志那一次），我還特別到西雅圖那間全球第一家星巴克門市參觀，並且買了他們的儲值卡做紀念等等。結果對方真的被我對咖啡的熱誠所打動，願意破格錄用我。這份工作我一做就做了將近三年，直到現在想起，都還非常感激那位經理願意給我這樣的機會。

✷做足功課，提高成功機會

當時的我希望研究所畢業後還能繼續留在英國，有更多的工作機會。但畢竟在星巴克打工並非正職，不能夠申請簽證。這樣一來我一畢業就得回國。於是我就在想，有沒什麼義工或實習的工作，未來有望轉成正職？由於就讀心理系的關係，我想辦法投履歷到許多心理相關機構，卻都沒有回音。直到有一天，我打電話去了華人心理協會，才終於獲得了面試的機會。

一樣，只要有面試機會，就要事先做足功課。還記得我之前去倫敦大學Open Day時對研究所教授做的背景功課嗎？這次面試雖然只是義工性質，但我也是絲毫不敢大意。除了上網研究該機構的網頁外，我還搜尋了他們過去所辦過的活動以及服務項目，看了許多網站上的照片加深腦中印象，強化圖像式連結記憶法，同時也不斷地進行情境演練。

此外，我也從照片中推測可能會跟我進行面試的人員名字，確保自己一看到他們就可立刻認出來。後來我也用同樣的方法順利應徵到英國自閉症兒童心理協會遊戲治療師的正式工作。

到了面試的日子，緊張自然不在話下，但是當坐在對面的都是你在網路上看過的熟悉面孔時，你就比較沒那麼緊張了。你可能會說：「哪那麼巧，和我面談的人並不一定有機會在公司網路上出現啊！」

沒錯，但我們還是可以盡力搜尋所有在網路上找得到的相關資料，把它盡力背熟，用人際關係之圖像式連結記憶法來盡量連結，增加獲勝的機會。

逆轉心理學：圖像式連結記憶法

✷建立更多層次的連結，強化無形關係資產

出社會後，免不了會碰到許多與人面談的機會，包括找工作、對客户銷售產品、提案簡報等，每一次都是考驗我們如何在別人面前留下正面印象的機會。

以工作面試來說好了，你去面試時，面試官早已看過你的履歷，對你有初步的了解，但你對他卻一無所知，你覺得是你比較緊張還是他比較緊張？所謂機會是留給充分準備好的人，所以在每一次面談前做足功課就變得相當重要了。

那麼，該如何從眾多面談者中勝出，並且讓試官留下深刻的印象呢？

首先，可以問自己四個簡單的問題：

1. 你對這個機構了解多少？過去他們辦了哪些相關的活動？
2. 你知道可能的面試官會有哪些人？
3. 對這個職務要做的事情你有多熟悉？
4. 你有什麼可以額外加分的能力是其他應徵者所沒有的？

拜網路發達所賜，前面的三個問題你都可能搜尋得到答案，甚至還可能會搜得到前人去應徵的經驗，不過即使如此，還是會有許多功課沒做足、一問三不知的人來面試，這時就能充分展現出我們與那些人的區別。

很多我的朋友或學員，都很佩服我記別人名字的功力，甚至過了很久都還記得。其實我並沒有一目十行、過目不忘的本事，我只是做的功課相對比較多一點而已。如果要讓人一開始就對你印象深刻（可以參考之前寫的首因效應），你若沒有具備像Google眼鏡般的臉部辨識功能，那你就得具備像美國聯邦調查局FBI般的背景調查能力。

初次見面的聊天法

那麼，我們可以怎麼運用圖像式連結記憶法在初次見面的人的身上，並且強化你在對方心中的印象，讓他留下好感呢？

1. 可以先從名字開始拆解

第一次見面難免都會緊張，但很多人通常在問了別人的名字之後就沒下文了，下次你再碰到對方時，對方往往對你沒什麼印象，因爲連結的部分太少。如果要能夠有效的連結並加深記憶，你必須再多問至少四到六個問題。

所以除了之前描述的面試場合外，以下我們再用另一個在一般初次見面的情況，在與異性交往時也適用：

我：「你好，我叫程大洲。請問您怎麼稱呼呢？」

對方：「你好，叫我啓俊就好。」

我：「啓俊你好啊，請問你的「啓」跟「俊」怎麼寫？」了解別人名字的正確寫法，是最重要第一步。

對方：「喔，啓呢，就是『啓發』的啓，俊是『英俊』的俊。」

「哦，所以如果得到了啓發就會變成英俊是嗎？」我微笑著回答。

但是要注意，如果對方是年長者或重要人士就不能用太輕鬆的方式了。要改成例如：「喔，很高興認識你。希望有機會得到您的啓發，看我能不能也英俊一點？」一樣是微笑，但客氣一點的恭維式回答。

對方：「呵，也許就是我父母希望英俊點所以才起這個名字吧。」

說完我們雙方都笑了。

只要有機會讓雙方笑出來，場面通常都會變得比較輕鬆，人在此時的記憶力也會特別好。

2. 從背景再增強連結

接下來，就要盡量再開啓四到五個別的話題，例如下面這些：

「聽你的口音，不太像是台北人？」如果對方聽起來有比較重的腔調時，我就會這麼問，別人不但不會覺得不好，而且很多人甚至對於我能聽出他們的口音感到很驚喜呢。

如果眞的不是台北人，你就可以順勢聊一下有關他家鄉的話題，一般人聽到這些話題通常都會願意跟你繼續聊下去，這樣你就可以開啓更多關於背景的連結了。但是只要對方看起來不是很願意在這話題上深聊，我們也不要再硬聊下去。

如果剛好是台北人，你也可以接著問：「喔，台北靠哪裡呢？離上班的地點遠嗎？」這樣，你就可以順勢聊到工作的部分而不會太過尷尬。接著你又可以開啓四到五個關於工作的連結了。

如果對方是女性，你也可以聊她過去學科的背景。例如：「佳怡，我覺得妳很有氣質呢，是學設計的嗎？」或是：「淑芳，聽妳說話很字正腔圓，妳是不是學教育或大眾傳播呢？」

此外，也可以在穿著背景上聊，通常女性都很喜歡別人注意到她們用心的打扮，例如：「家慧，妳這條項鍊很特別呢，是在哪裡買的？」「慧玲，妳衣服的配色很亮眼呢，妳都是怎麼挑的？」

3. 避免聊跟對方無關的話題

總之，盡量圍繞在跟對方名字、特色或穿著相關的話題上打轉，強化雙方的深層記憶，這些都是圖像相關的連結，超過六個以上你就不容易忘對方了，而對方也會對你產生深刻印象。記得，除非你已經對他的名字跟人像有深刻的連結，不然不要開啓天氣、政治時事等其他與對方本身無關的話題。

不難對嗎？這種圖像式的連結方法跟二十世紀初很流行的「記憶編碼聯想」有異曲同工之妙。

「下一位應徵者請進。」前台人員呼喊著。

終於輪到我了，放下心中的忐忑，內心祈禱著上帝與我同在。

「Joseph 你好，請坐。」眼前是三位坐成一排的外國人，喔不，是當地英國人，我對他們來說才是外國人。

「你們好，謝謝。」我答完腔後應聲坐下。

面試官接著問：「你怎麼會想要應徵這份工作？」

「我本身是學習心理的，對於能夠幫助自閉症兒童相當感興趣，而且我看到你們在帶孩子做的遊戲治療方式，有許多是過去台灣時會跟青少年做的團隊遊戲呢。」

「哦？是嗎？」其中一位皮膚黝黑的面試官感到好奇

與當時自閉症兒童協會的同事

了：「比如說像是？」

「我在網路上面看到你們有分享帶孩子做傳球報數的活動，而且好像其中一個還是您在帶的呢。」我難掩興奮之情，因為我曾經看過對方的照片。

「呵，看來你還真做足了功課呢。」另一位面試官推了推剛問我話的人：「這真是妳擅長的部分啊。」「是啊，想不到還有人能認得出來我呢。」那名黝黑的面試官也笑了出來。正式上班後，我才知道那名黝黑的面試官是西班牙人，而推她的是北倫敦區的總監，而她們之後都成為了我的直屬主管。很幸運地，我從諸多應試者中脫穎而出，雀屏中選，成為當時在該機構唯一的台灣人。後來我到廣播電台應徵，也都是用這樣的方法順利成為該電台心理相關節目主持人。

心理學上研究指出，所有新的習慣，連續練二十一天後，這些技巧就會變成你的本能反應。下次再面對各式各樣的人時，你就能更有自信地聊天，甚至面試的時候，這些習慣也能夠增加你錄取的機會。

每個挫折，都是訓練情商的機會

除了要學會圖像連結記憶法的破冰能力，情緒處理的能力也是人際關係中不可或缺的一環。《情商》一書的作者，哈佛大學心理專家高曼博士就曾指出，隨著年齡增長，情緒商數會變成你職位能否高升的關鍵因素。

人的一生中總會遭遇順境和逆境，有些人總是特別幸運，有些人則相對比較倒楣一些，但是當不同的人碰到同樣的事情時，會不會有不同的反應？而這些不同的反應會不會帶給他們截然不同的結果呢？

✷航空公司的報到經驗

由於擔任企業講師的關係，我常常需要飛到各地講課，有時候星期一才從台北飛到廣州，星期三就可能在重慶了，上完一天的課，當天晚上再飛到北京，星期五的晚上再飛回台北。一個星期五天在四個城市飛行，總飛行距離超過五千公里是常有的事。在這麼頻繁且密集的飛行旅程裡，準時不耽誤到下一個行程的飛行對我來說就相當重要了。

有一回早上要趕八點的飛機，我大約六點左右到達機場辦理登機手續。絕大部分的情況下，我都會盡量在之前就辦好網路登機的手續，以免爲了趕行程而匆匆忙忙。但是由於前一天行程結束較晚，凌晨才睡覺，於是沒有預先做網路登機的動作，心想反正到機場再辦理應該也還來得及。結果一到了櫃台，地勤小姐就立刻站起來向我連聲道歉，跟我說今天的班機座位被超賣了。

「程先生對不起，今天飛機機票超賣，我們可能要幫你排候補了。」地勤小姐說。

「什麼？機票超賣？怎麼會這樣？」

「不好意思，我們也是剛剛才被通知。」

「那候補的班機是什麼時候？」

「最快應該是下午可以起飛，要不然就要等明天的班機了。」

這時候我開始不耐煩了，但是我一直告訴自己千萬別被情緒所影響，一定得好好耐著性子跟對方溝通。

「不行啊，我今天中午以前就得趕到，下午有重要的會議要開。麻煩您幫幫忙。」我說。

「很抱歉，從早上到現在很多的旅客也沒有辦法登機。下次麻煩您要早一點到。」該名小姐也很無奈，但是也只能搬出官方的制式說法。

我心裡則是認爲早到晚到都應該要讓我登機，畢竟超賣又不是我的責任！雖然心裡非常氣，但是我還是決定耐著性子繼續與她周旋下去。

「小姐，請問一下，您早上到現在是不是有很多人都在罵妳，甚至用粗話問候妳的家人？」

「是的，先生。」地勤小姐苦笑著說。

「我不想罵妳，因爲飛機超賣也不是妳的問題，是航空公司不該！」我說。

「先生，謝謝您的體諒。」地勤小姐無奈地說。

「但是我只求妳再次幫幫忙，看看有沒有任何的可能性，眞的拜託了。」我邊鞠躬邊說。

「不是我不幫忙，座位就眞的沒了。但是您的口氣這麼好，我就再幫你看看吧，但是不能保證會有任何機會喔。」

「當然，當然，任何的幫助我都會很感激的！」我內心充滿期待。

看她不斷查詢電腦，才幾分鐘的時間像過了好幾個小時那麼久，心裡還不斷祈禱會有奇蹟發生。沒多久後，小姐突然睜大眼睛。

「是……是有了嗎？」我興奮地問。

「還是沒有。」地勤小姐搖著頭說。

「那您怎麼眼睛突然睜大了呢？」

「是這樣的，經濟跟商務的艙等都沒有了，但是我這裡突然看到頭等艙還有一個位置。不過可能要您花一倍的價格升等，如果您要這個座位的話。」

我很快在心中盤算了一下，心想飛機超賣又不是我的問題，你們航空公司理當爲我免費升等，哪有要我自己付費的道理？於是本來一直保持的紳士風度，差點破了功。最後還是決定客氣地跟她表達。

「謝謝小姐您爲我所做的努力，這座位我要了，請幫我算算多少錢。」

這時，地勤小姐接過我的護照等證件，開始幫我做登機手續。沒多久後，機票印了出來，連同頭等艙貴賓室邀請卡一併遞給了我。

「程先生，這是您的護照、登機證與貴賓室邀請卡，請您由前方登機口登機即可。」

「那……那我要補您多少錢呢？」我很緊張，怕被收取天價。

「不用喔。」地勤小姐說。

「不用？您不是才剛說要花一倍的價格升等，怎麼現在不用付費了？」

我感到有點吃驚。

這時地勤小姐露出燦爛的笑容對我說：「從早上到現在幾乎每個搭不上飛機的乘客都一直罵我，就只有您這麼客氣地跟我說話。剛好我有權限可以幫客人升等，我就幫您升等頭等艙了，您不用付任何錢。」

「眞的？」我覺得自己好像在做夢。

「是的，您盡快去登機吧。」地勤小姐禮貌地回答。

連連謝過這位小姐後，我盡速拖著行李往飛機那端走去，一路上盡是感謝上帝的祝福，另一方面則是慶幸自己沒有亂發脾氣。

坐在頭等艙拿玻璃酒杯享用香檳時，心想那些發脾氣罵地勤人員的都去坐下班飛機了，而幸運的我不只坐上了這航班，甚至還免費被升等到頭等艙，幸運感眞的是無法言喻。

試想，如果你今天是那名地勤人員，你會幫一個罵你的人升等還是一個對你客氣的人升等？

✷星巴克的服務體驗

對於創造快樂工作環境的氛圍，星巴克咖啡相當深諳此道，這也是星巴克重要的經營哲學之一。早在創業之初，經營者霍華蕭茲就告訴自己要開創一個除了在家及工作場合以外的第三個好去處。所有的星巴克店員不稱呼彼此為經理或同事，一律通稱彼此為「夥伴」。

到英國初期，爲精進自己的口語能力，我很幸運地找到了倫敦星巴克的兼職機會。在我兼職的三年期間，完全體會到店員的情緒是如何影響到客人的消費感受，或是說客人的情緒是如何影響店員的服務態度。

有一回在早班上班時間，店裡非常忙碌，人潮甚至排到了店門口外。這時候有一名看起來像是剛晨跑完畢，身著運動服，還流著滿身大汗的女士進來了，她好不容易排到了點餐隊伍最前面，似乎不太耐煩地點完了咖啡，就到吧檯後面等候領取飲料。

這時，負責製作咖啡的我（正好當天値班）在覆誦完前檯的口令後，迅速地做好了該名女士的咖啡，結果這位女士喝了幾口後，相當不高興地認爲這杯咖啡沒有做到她平常喝的「感覺」。星巴克要求員工在製作每一杯咖啡時都應該都要有相同的重量與比例，而夥伴們也都會努力遵守這些標準，然而「感覺」這種事往往是很難拿捏的。於是在她抱怨後，我們不管之前的咖啡到底是怎麼回事，還是迅速爲她重做了一杯全新的焦糖瑪奇朵，並且確定自己是微笑地奉上。

然而，第二杯依舊沒有令她滿意，她還是認爲這杯太甜了。由於還要再等一段時間才可以製作第三杯給她，一氣之下，她甚至大罵店員無能，說這家店讓她感到非常失望等等。我想，到了這種時候，再有修養的店員也沒辦法接受這種被羞辱的感覺吧。但基於星巴克服務至上的精神，我除了再三道歉，也還是再度迅速照她要求的甜度與焦糖鋪陳方式做了另一杯給她，外加一張咖啡招待券，這位女士才終於勉強接受。

這次事件讓我印象深刻的不是該位女士的態度，而是之後夥伴們對我態度的反饋。幾個夥伴在休息的時候提到，其實每個人都有被那名女士咆哮過的經驗，所以大家看到她都敬而遠之，畢竟她每次的口感都不太一樣，眞的很難做出滿足她「當時」味蕾的咖啡。

當夥伴問我當時有什麼感受時，我告訴他們，也許那位女士有她不開心的地方，但是我爲什麼要讓她的心情狀況影響我一整天的心情呢？我爲什麼要被她的負面同步呢？我是不是可以用正面的態度來同步她呢？

當我們與生氣、不友善的人互動時，我們的生理反應會受到他們影響，變得和他們一樣，肌肉血液增加，血壓上升，壓力賀爾蒙（腎上腺素）會同時注入我們的循環系統，造成我們自身的行為改變，反之亦然。

逆轉心理學：生理同步效應

✷不隨負面情緒起舞，改變劣勢

每次在課堂上講述這兩個故事的時候，對於飛機座艙超貴的部分，所有的人都認爲他們會幫對他們客氣的人升等，甚至還有人說如果有人兇他，他會讓對方連下一班都坐不到。這當然只是玩笑話，但是你會發現，生氣不但不能在那個當下解決問題，往往還會把事情弄得更糟。

然而，有多少人的反應卻是拍桌子大罵，頤指氣使地叫他們的經理出來解決問題，期望對方會怕他。機位沒了就是沒了，請問會因爲你罵一罵機位就變出來嗎？就算有，對方也可能因爲你的態度惡劣而故意不告訴你，甚至驅逐你，值得嗎？

所以，當對方營造了一個讓你有挫折感的氛圍時，我們可以試著做的也許是營造另一份感恩、和諧的氛圍，並用良性正面的心理去影響對方。心理學中的生理同步效應就是在告訴我們：如何不被負面的事情給同步了。反之，我們要用正面的心或態度，感染對方，逆轉原本趨於劣勢的情況。

星巴克的狀況也是一樣。當對方生氣罵我們的時候，我們很自然地會血壓上升，也有想要反擊的衝動，這是動物的天性與本能，幫助我們在面對敵人時能夠有對等的地位，這就是生理同步效應很重要的一個概念，在小孩子身上尤其明顯。

美國著名的心理學家丹尼爾．高曼博士在他的經典著作《情商》裡提到，人類之所以與動物不同，重點就在於我們有控制自己情緒的能力，隨著年紀增長，我們更應好好鍛鍊這項能力。

做企管顧問多年下來，我也發現，在初期投入職場的時候，大部分的人都有具備進入該領域的相關技能，但隨著職位越來越高，靠更多的反而是人際關係的處理能力，而這能力就取決於我們跟人相處的情緒智商。高曼博士同時指出，情緒感染的影響力就像是煙霧一樣，可以很快滲透當時環境的氛圍。而生理同步的概念也是如此，看我們要散布的是如二手菸般難聞的氣味，或是如自然草本般的馨香之氣，端賴我們自己決定。

後來那名慢跑的女士每次來的時候都指名要我服務。本來是面對失去掉一個客户的危機，好的情商卻使情況逆轉，成爲締結新交易的契機。

幾個星期後的聖誕節裡，店經理頒了一個最佳服務獎給我，雖然只是一枚小小的銀質勳章，但也代表了星巴克經營哲學之一的理念：重視每次與人的互動，創造令人愉悦的環境，並且成爲提供高品質商品的專業夥伴。愉悦的氣氛是由我們自己創造，而不是由別人的心情來決定。

我有一位相識多年的朋友，脾氣一直都不錯，不是那種傳統裡我們認為容易被別人激怒，或常被別人負面情緒同步的人。有一天剛好跟他聊到他正要上國中的孩子，想不到竟然看到他非常沮喪的樣子。由於孩子當天中午的頂撞，讓他一氣之下把原本答應下午要帶孩子去的行程給取消了，甚至處罰孩子好幾個禮拜不能碰 iPad。

他們原本上午是在外婆家愉快地玩樂，為什麼突然全家好似暴風雨來襲，轉成孩子泣不成聲，大人們氣到發昏的局面？深入了解後才發現，原來這已經變成了他們固定的教養模式，只要小孩有做不對的地方，父母就會用權利剝奪的方式來讓孩子就範。

剝奪權利不是不行，這其實也是我們管教孩子常用的方式之一。但是除了負向的權利剝奪之外，我們有沒有建立正向的獎勵機制？而這正向的獎勵機制是否能夠適當到讓孩子有安全感，覺得爸媽還是愛我們的呢？

孩子的忤逆造成自己的負面情緒，家長再強行發洩在他人身上的結果，就是一連串的惡性循環，最終演變成全家都氣得半死的局面，這種雙輸的場面我們當然都不樂見。所以，遇到這種狀況時，做父母的可以試著先讓彼此冷靜下來，最好抽離當時不愉快的場合，大約五到十分鐘左右的時間。接著提醒孩子上次做得不錯的地方，從肯定的方面著手，並詢問為什麼這次要做這些讓父母不高興的事情。

同時，父母也要訂定適當且合理的處罰方式。譬如說我就曾經聽到有位母親跟我說她禁止孩子玩電子遊戲一年，我問她為什麼這麼久？她回說因為每做一件不禮貌的事情，就禁玩一週。結果到現在已經累積了五十二週了，剛好一年！

我問她有效嗎？她無奈地說已經無效了，孩子有時候甚至還會偷偷摸摸地玩，或是到同學家去玩別人的。

重申父母對於期望的界線，讓孩子有機可循。當下次事件重演時，問他們知不知道下場會如何，久了，他們就會養成正向的習慣，做大人的我們也就會輕鬆許多，免於被孩子的情緒勒索。但是記得，這都需要時間的積累。

下次碰到類似讓你生氣的事件，你要同步別人，讓是讓人同步？每個挫折，都是訓練我們情商，讓我們更加成熟的好機會。

PART5

夢想的搭建，建構人生拼圖

找到自己的天賦才能

我第一次得到上電視節目的機會，就是被知名主播李晶玉專訪，錄製成一整集的《眞情部落格》。節目一開始，晶玉就問到我爲什麼這麼喜歡說話？甚至有時候授課一整天下來，回到家還是很想跟老婆孩子再聊聊他們今天發生的趣事，我太太有時候都忍不住說，眞的很少有男生像我這麼愛講話的。

話說小學三、四年級時，我們班男生跟女生是各四排分開來坐的，我坐在男生排裡就已經特別愛講話了。結果有一天，老師終於受夠了我的長舌，於是把我一個人調到女生排去坐，看我還有沒有話可說。畢竟我們家裡都是男生（我們家是三兄弟），碰到女生總該沒轍了吧？想不到這可開啓了我另一條天線，這下我才發現，原來我跟女生也這麼聊得來，老師簡直快要被我逼瘋了，後來只好指定我當風紀股長，專門抓上課講話的人，這才解決了我愛聊天的問題。現在想想，這位老師還眞有智慧。

「大洲，你的個性很活潑對不對？是家庭環境造就的嗎？」主持人晶玉問。

「其實我們家比較傳統，父親甚至從小就要求我們吃飯時不准說話，但也許是因爲太過壓抑了，反而讓我變得更喜歡說話，更希望表達自己。」

「爸媽工作很忙碌嗎？」

「是啊，我爸媽一個白天工作，一個晚上工作，很少有機會溝通。家裡沒機會說話，我只好往外發展，建立同儕關係，和外面的人說話。」

「那父母親會不會對你有很高的

《真情部落格》李晶玉採訪現場

期望呢？」

「因爲是家裡的長子，期望高是難免的，他們也願意盡量給我許多資源，但管教的部分也沒少過。只不過沒想到越管我，我就越是叛逆。」

「你對自己會有很大的期望嗎？」

「其實很多年輕人對『期望』兩字是沒有概念的，甚至對未來也感到迷惘……」

✷把握每個工作機會，盡量累積不同經驗

我出社會的第一份工作就是在佐丹奴做 MIS 電腦工程師。雖然我非常喜歡電腦，但是要我整天坐在電腦桌前工作，那簡直就是要了我的命。由此可知，有興趣的東西不見得眞的能成爲你以後餬口的工具。

由於當時學歷低，要想找其他工作，也不是那麼容易。我曾經去餐廳端過盤子、做過直銷、賣過靈骨塔和免治馬桶，甚至還做過保險等業務。很多

人都認爲愛說話的人做業務再適合不過了，其實眞的不盡然。不過，我每份工作都會盡力做到最好，希冀能爲未來積累更多的經驗。

爾後，當我成爲心理諮商師、廣播節目主持人、企業的高級管理階層，甚至是企業顧問講師時，我才明白我過去所做的每份工作，都是幫助我在未來展現天賦才能的重要基石。

例如做直銷與保險時，因爲常得上教育訓練課程，讓我學會了時間管理和正面思考的能力，甚至還因此戒掉了十幾年的菸癮，進而讓我深深了解到教育訓練的重要性。而我也因爲曾在台灣當過餐廳服務生，所以剛到倫敦時就很快找到了餐飲業的工作機會。總之，你現在所做的每一件事都不會白費。重點是，你該如何找到你的天賦才能，並且把它運用出來？我知道愛講話是我與生俱來的「天賦」，但講到要如何靠說話賺錢，那又是另外一回事了。

✷運用小工具了解自己

還在從事保險工作的時候，教會的牧師就常邀我和他一起去做些青少年的服務工作。在非營利組織工作跟在業務單位相比，要學的功課有著天壤之別。業務是銷售掛帥的工作，只講求績效與數字，而非營利組織則是要滿足人的心理需要，是屬於關係導向的工作。那時首次接觸了類似人格職涯發展的測評工具＊（註釋：網路上有許多免費或付費的測評資源可以運用，例如MBTI職業人格測試，蓋洛普的工作能力測評，以及英國的優勢能力測評等，都是能夠幫助你聚焦在你的強項上，進而找到適任的工作。）我發現自己眞的很適合與人交際溝通，所以後來在從事非營利組織的工作時，覺得自己簡直就是如魚得水，駕輕就熟。而我這一做也做了快五年，一直到去英國爲止。雖然一路以來受到不少挑戰，但我眞的非常享受我的工作。

倫敦大學研究所畢業後，我又再次做了類似的測評，結果顯示我適合從事廣播、主持、公關，甚至是諮商或顧問諮詢等性質的工作。這讓我挺頭疼的，畢竟許多工作都要求應徵者必須具備工作經驗，問題是如果沒人給我第一次機會，我哪會有什麼工作經驗呢？所以，就如我上一章所提到的，我先試著找相關的志工或實習工作來做，反正戲棚底下待久了就是你的。

另外，做志工或實習生的好處之一，就是有助於釐清這份工作是否眞的符合自己的興趣，同時也可藉由觀察其他正職員工的工作模式來想像自己未來的工作型態。不用花錢又可學到經驗，機構還會提供你受訓機會，所以在我看來，想在海外找到正式工作，這是個很好的入門方式。

同時，能夠有認眞且相對「免費」的職工來服務，對這些機構來說也是利多。當有正式職缺時，他們往往也比較願意從志工或實習生當中挑選具有潛力的工作夥伴。畢竟他們跟這些人已有一同工作的經驗和默契，日後配合起來也會比較容易上手。在我過去服務的機構裡，有相當高比例的主管會從這些人當中，找到合適的工作夥伴並升他們爲正式職員，這點大家不妨參考看看。

同時我們也要避免眼高手低。在台灣或中國，與你競爭同一份工作的人，頂多是與你膚色相同的黃種人，但在倫敦，你會發現到處都是來自世界各地的高手，等著和你競爭同一份工作，黑白褐黃各有本事。此外，歐盟的工作保護政策裡雖有提到雇用員工時不得有種族歧視，但是卻也另外載明許多工作得先確定在歐洲國家內找不到相關的合適人員，才能夠開放給其他國家人士申請，尤其如果你是需要工作簽證的話。

所以要找到自己的天賦才能，並且期望未來能在職場上有所發揮的話，不要害怕去做那些看似沒有薪水的實習工作，只要該領域是你未來想要從事的，一旦有機會進去，就要勇於爭取。而且有時候實習機會還不見得那麼容易就申請得到呢。*（注譯：在英國的超級菁英五校——劍橋、牛津、倫敦政經學院、帝王理工學院、倫敦大學學院，甚至一些頂尖的商學院，諸如倫敦商學院、華威商學院、倫敦國王學院，以及愛丁堡大學等，常會在畢業季舉辦頂尖公司的徵才活動。例如四大會計師事務所當中，KPMG 就是相當積極的一間，往往 First Class 程度畢業的學生，在畢業前夕就已經開始暑期的實習工作了。麥肯錫、波士頓顧問、高盛和許多的金融銀行業，也是從一千多個申請名單中，只錄取不到五十名的實習生，搶手程度可見一斑。）

逆轉心理學：馬太效應

✷強化優勢，逆轉劣勢，讓天賦自由

心理學上著名的馬太效應是從聖經的一段經文中延伸而來的：「凡有的，還要加添給他；沒有的，連他手中的也要奪去。」這段經文用白話一點的方式來說，就是「錦上添花」的概念。

比如說，在業務單位，你經常會看到一些業績良好的人拿到許多紅利獎金，而業績不好甚至沒有業績的人，老闆過一陣子就會請他走路。這在職場上是一翻兩瞪眼的金科玉律，沒有老闆會拚命對那些沒有績效的人雪中送炭。試想如果你是老闆，你會傾向獎賞什麼樣的人？

但是就管理階層而言，這效應又變得沒那麼明顯了。例如每年績效考核時，老闆往往會希望各單位主管能夠提升自己最弱的一環，例如時間管理不佳的人要學習管理時間、溝通能力不佳的人要學習有效溝通。

有趣的是，工程師往往就是不善於感性溝通，所以理性思維才會特別出眾。強迫他們加強感性的一面，根本就是本末倒置，訓練的效果也往往不彰。就像要一個很會做業務的人去做連小數點都不能有誤差的財務工作，或是教比較精通數字的人去從事文職一樣，你覺得他們會做得好嗎？所以適才適所是絕對有必要的。

我的好友小周是一位三十歲上下，剛搬到英國的第一代中國移民。他剛到倫敦時，由於對英文一竅不通，什麼工作都找不到。當時他的房東是一名在地的房屋裝修工人，於是他便毛遂自薦跟他學裝修，還開出願意免費讓對方試用的條件。由於裝修工作常會面臨找不到工人的窘境，而且其實做裝修的英文也不用多好，再看到小周一副上進肯學的樣子，房東也就點頭答應了。

跟著房東學裝修一段時間後，小周發現自己的興趣其實不在裝修這塊，他反而更喜歡與人相處的感覺。不過英語能力不佳會造成溝通上的阻力，因此他開始跑到房屋仲介的店面去與仲介聊天，強迫自己多學一些跟房屋有關的英語，並且強化自己有關房地產方面的知識。一般來說，仲介的工作就是得和許多人聊天，所以很幸運的，對方也不介意他一天到晚來串門子。況且禮尚往來的華人常喜歡互送些吃的或小禮物，長久下來，仲介們也很喜歡他的到訪，甚至開始願意帶他去看一些房屋案件。

有了房地產的相關知識，加上房屋裝修的經歷，小周開始找了一幫跟他一樣不太會說英語，但是也很想留在英國的中國移民一起工作。而他特別想做的就是承租各地的舊房子，幫房東改造成美輪美奐的套房出租，並且和房東簽訂長期合約。一開始許多房東都不願意讓別人再賺一手，但是看到房子的裝潢可以變得那麼漂亮，又不用多花一毛錢，同時又有長期租約，於是便紛紛答應了。

在短短不到七年的時間裡，小周在倫敦已有四百間套房出租。二〇一五年年中我去拜訪他時（邁入第十年），他的公司已拓展成有將近五十名員工、旗下擁有超過一千間出租套房的大規模房仲公司。而他個人的年收入也首度衝破一百萬英鎊。

小周的成功當然不是偶然，而是他很清楚知道自己的優勢在哪裡，每當小有成就，他就自然而然產生了所謂的優勢累積，一旦有更大的機會，他就能夠獲得更高的成就。

對於自己不在行的地方，像是公司裡所有與財務會計有關的事情，小周一概交給擅長財務的太太處理，自己就專心發揮裝修與轉租方面的長才，進而逆轉了他在英語以及會計方面的劣勢。

但是，他也不是打從一開始就知道自己的天賦才能，也是需要透過多方嘗試和摸索，才能一步步找到自己的專長。

那麼，要如何找到自己的天賦才能並發揮到淋漓盡致呢？

坊間有許多類似 DISC 的人格分析測驗，可以幫你初步找到自己的性格傾向，幫你釐清自己的人格特質。下面的圖表可以參考看看：

D 外向 / 事務導向 適合：老闆、個人工作室、律師、領導人、主管等	C 內向 / 事務導向 適合：研究、工程、法務、會計、資管、顧問等
I 外向 / 關係導向 適合：教育訓練、媒體、創意廣告、服務、娛樂等	S 內向 / 關係導向 適合：社工、教師、行政、公務人員、輔導、秘書等

1. 先問自己做什麼事情最有成就感？

年輕人常說打電動是他們最有成就感的事，沒問題的，重點是，你打電動的能力有沒有辦法在朋友圈或比賽中贏過大部分的人，在最突出的百分之十以內？天賦才能是指你自己獨有，而且做得特別比別人好的那個部分才算，不然的話，還是把打電動當興趣就好了。

你也可以做個簡單的分類，例如你喜歡內勤還是外勤的工作？喜歡跟人相處還是喜歡事務性質的工作？

2. 有沒有相關的工作機會或教育訓練？

找到自己的職業人格特質後，看能不能利用自己下班的時間，找到相關的實習工作或志工機會，看看自己是不是眞的對這個產業有熱情或勝任的能力。大概不出三個月，你就可以知道這會不會是你想要繼續做下去的工作了。如果沒有工作機會，也可以找相關的培訓機會。坊間有不少優質的培訓，從上課過程中，也可以發現自己是否有興趣繼續深造下去。

我有一個學員就曾經利用下班後去學珠寶設計，從原本做了將近二十年的會計工作，轉型成爲自己深愛的珠寶設計師。之前提到的小周，也是常常找機會進修，學習到了更多房產的相關知識。

3. 釐清自己是爲夢想而活還是爲麵包而活？

這個問題是讓自己釐清你願意爲了夢想付出多大的代價。

有的夢想培養需要花費高額的金錢或是長時間的積累，英國著名樂團披頭四在成名前花了超過一萬個小時在餐廳駐唱。鋼琴家郎朗十歲以前已經累積超過一萬小時的比賽經驗。名導演李安在成名之前，有非常多年的時間窩在家裡靠太太賺錢，只爲了電影的夢想而活，有一度還甚至差點放棄。

紐約大學電影製作研究所畢業後，年近三十的李安一直希望能有機會得到電影圈的注意，但他寫的劇本在好萊塢不斷碰壁，只能偶爾幫劇組看管器材，以及做一些剪輯助理等相關的雜事。他曾說他其中最痛苦的經歷之一就是「拿著一個劇本，兩星期跑了三十多家公司，碰到的通通都是白眼和拒絕……」但是接下來的幾年，情況卻也不見好轉。

李安有超過六年的時間只能待在家裡做菜，以及幫台灣的卡通節目寫寫曲目，靠著太太一個人的薪水度日。長期下來的壓力令他不堪負荷，甚至好幾次都想去報名社區大學的電腦課，轉行去做別的工作。當時李安的太太卻鼓勵他說：「安，要記得你心裡的夢想！」甚至告訴他：「人只要有一項長處就足夠了，你的長處就是拍電影。學電腦的人那麼多，又不差你李安一個，你要想拿到奧斯卡的小金人，就一定要保持心裡的夢想！」

一九九〇年，三十六歲的李安終於靠著《推手》與《囍宴》兩部電影的劇本，得到了優良電視劇的獎項肯定，一掃之前劇本全部被人拒絕的陰霾。接著在四十一歲的時候，他又靠著執導改編的《理性與感性》獲得金球獎最佳電影大獎。一九九九年，李安執導的《臥虎藏龍》拿下第七十八屆奧斯卡最佳外語片獎，爾後，二〇一三年的《少年PI的奇幻漂流》終於讓他拿下奧斯卡最佳導演獎的至高肯定，這時候的李安已將近六十歲了。

從打雜小弟到唯一拿下奧斯卡、金球獎及英國電影學院獎三冠王的華人導演，李安這一路奇幻漂流當中的煎熬是外人所無法想像的。對了，還沒提到李安曾經在考大學時落榜兩次，也曾經對讀書一點興趣也沒有呢。

所以，如果你的天賦才能是需要時間來彰顯它的光芒，那你就要確定你走在對的道路上。要不然夢想還沒達到，麵包就先被吃光光了。

4.不要一直看自己的缺點，練習強化自己的優點

每個人都有不同的優缺點，你有的別人不見得有。如果只是一味地看自己的缺點，你就很難看到自己比別人優秀的地方。

當美國著名的社會學家羅伯特．莫頓提出馬太效應時，他闡述了一個很重要的現象，也就是世界傾向頒獎給那些已經相當有聲譽的科學家越來越多的榮譽，反之對那些沒沒無名的科學家卻一點肯定也沒有。李安在得獎之前，沒有人知道他是誰，現在他卻是囊括三屆奧斯卡金像獎、五屆英國電影學院獎、五屆金球獎、兩屆威尼斯影展金獅獎以及兩屆柏林影展金熊獎，全世界得獎最多的華人導演。

如果要發揮你的天賦才能，你一定要不斷地鼓勵自己，甚至強化並運用自己的這些優點。天賦才會像聚寶盆一樣越來越多，像寶劍一樣越磨越亮。

回頭看看這些成功人士的故事，其實不難發現，他們共同的特質都是找到自己做起來最有成就感的工作，不斷地找相關的培訓或工作機會，強化自己的天賦才能。同時，在碰到挫折與沮喪的時候，懂得自我激勵，自助再來他助，就像李安太太所說：「一定要記得你心裡的夢想。」

如果你心中有夢想，又找到了自己的天賦才能並能夠運用出來，那麼，不管你在哪個行業，只要堅持下去，必定會等到發光發熱的那一天！

結語
坐上哆啦Ａ夢的時光機，你會想要做什麼？

想像一下，你現在很幸運地坐上了哆啦Ａ夢的時光機，可愛的機器貓帶著你回到了十年前的今天，你會想要對那個自己說些什麼話呢？

「嘿，不要混了。」「你在幹什麼，還不積極點？」「眞想把你打一頓！」是這些扼腕、懊悔的話嗎？還是你會想要跟他說：「做得好！還好你當初做了對的決定！」

那時候下定出國念書的決心，根本沒想到如今竟有機會撰文寫書，分享自己這一路來的眞實改變。二〇一五年初，被知名主播李晶玉採訪後播出的〈逆轉未來——程大洲〉短片獲得超過萬次的點閱以及許多人的轉載分享，受到如此大的迴響，心裡除了感謝上天外，也要感謝出現在我生命中的每一個人，不管是從小一起念書的同學，還是專科一起面對挑戰的夥伴，到教會一起面對改變的弟兄姊妹。而上天所賜予的每段挫折，也讓我擁有更多的成長機會，對此，我也深深感激。

其實，過去所經歷的一切挑戰都是爲了要磨練你去創造一個更美好的未來。過去的一切挫折，經過逆轉，甚至能夠變成一篇篇的激勵故事影響人心。

最近我一個中學時期的好友在電視上看到我上節目，便打電話邀我一起用餐，分享他也想要改變的決心，甚至決定戒掉十多年的菸癮！我一位同事的太太看到秀美在節目上談到她陪我走過的那段艱苦歲月，讓她聯想到自己過去也曾陪著三十歲才第一次踏進圖書館的先生，一起重考大學的那段時光，不禁潸然淚下。

我常常問我自己，如果五年後的我，想要達成一個特別的夢想，那麼「現在」的我，必須要做出什麼樣的改變？

比如說，如果你希望在五年後出一本書，那麼第四年的時候它就必須已經完成了，而且還要預留數個月的時間潤稿、編輯與排版，還有給出版社足夠的時間做調整。在第三年的時候，你應該已經寫完了百分之七十，如此倒推回去，第二年要完成百分之五十，第一年則是百分之十。而現在的你，應該已經要開始動筆寫作了。這跟會計學上的倒推成本法很像，只是這是一份你人生的倒推成本計畫表。管理學大師史蒂芬・柯維在《與成功有約：高效能人士的七個習慣》一書中所提到以終爲始的概念，也是同樣的道理：「把你最終想要達到的期許爲依歸，倒推回去，決定你現在該做的事情。」

如今是個日新月異的世代，也許達到一個夢想已經不用五年的時間了。但是，根據對未來夢想的規畫，從現在作出改變，卻是始終不變的原則。

現在的我也相當幸運，依然走在自己夢想的道路上，一年多以前，我毅然決然辭掉六位數月薪的工作，投入寫作及創業的行業。不知道五十歲的我坐時光機回來看，會不會跟四十歲的我說：「做得好！」未來是未知的，誰都說不準，但我只知道，如果現在不改變，未來會更害怕改變。

✷改變一下子，逃避一輩子，都要花力氣，你要哪樣子？

回想我在英國時曾與好友春喜一起創業，成立了旅英華人的首家培訓機構，總部就落腳在白金漢宮附近。每次在通勤去辦公室的路上，我心中都充滿著無限的感激，知道每一個人生的決定都需要勇氣及信心，也需要許多人的幫助與祝福。甚至過沒半年，我們就很幸運地受到英國國家廣播電台BBC「亞洲力量」系列的採訪邀請，談論華人創業的故事。創業之路雖然充滿挑戰，但當我看到夢想的種子慢慢發芽時，也不禁感到慶幸，好險自己當初有走出舒適圈，做出改變。

還記得我在第二章裡寫的心理暗示效應嗎？我成爲企業講師後，就在

BBC英國國家廣播電台採訪報導

我的座位前面寫著大大的「大師」兩個字。以此提醒自己，有朝一日，我一定要成爲顧問界的大師！回台灣的短短數年間，我在兩岸科技、金融、精品、物流等超過數百家的企業授課超過萬人，甚至中國內地超過四十個城市都有我授課的足跡，學員滿意度每每超過九十分以上，我不斷地要求自己成爲名副其實的大師。除了過去BBC的採訪、好消息頻道的專訪，同時也成爲了《親子天下》的專欄作家。

此外，有鑒於華人企業的三百六十度測評著重於調整弱點，對人格優勢的正向肯定相對較少琢磨，於是透過倫敦大學教授的推薦，在二〇一五年爲台灣首度引進了Apple、facebook、微軟、華爲等頂尖企業指定之英國的優勢測評Strengthscope®系統，成爲台灣的首席國際分析師。希望能夠爲我們華人帶來更多的正向管理學問，並且能夠幫助更多的人，發現他們的天才，打造逆轉未來的能力！

本書中所提及的眞實故事，我盡量忠於原味地表達出來。如果我的分享能帶給你一點啓發，或是裡面的心理學效應能對你產生一點效用，那麼這本書就值得了。同時我也相當歡迎各位讀者，要是你願意的話，請將你的逆轉故事 email 給我，未來我們會製作一個逆轉專欄或是節目，相信你的故事也有機會能夠鼓勵到別人。

最後，也要感謝出版經紀人芳芳姊的一路指導，圓神出版社的專業同仁眞眞與靜怡，以及耐心陪伴的太太秀美和教會的弟兄姊妹，謝謝你們的協助，讓出書之夢得以實現，希冀能夠對我們社會創造更多正面的影響力。

喔，對了，你知道哆啦 A 夢的最終回大雄怎麼了嗎？網路上有很多版本，但是最感人的一篇就是大雄爲了要救沒電的機器貓，立志成爲科學家，開始了他奮發向上的學習人生，最後成功將哆啦 A 夢救活了。

你呢？什麼會激發你成長的動力呢？而你又想打造一個什麼樣的未來人生呢？

Eurasian Publishing Group
圓神出版事業機構
用心與你對話・視野無限寬廣
圓神出版社
Eurasian Press

http://www.booklife.com.tw reader@mail.eurasian.com.tw

圓神文叢 188

倫敦大學教我的13個逆轉心理學：這樣轉進人生勝利組

作　　者／程大洲
發 行 人／簡志忠
出 版 者／圓神出版社有限公司
地　　址／台北市南京東路四段50號6樓之1
電　　話／（02）2579-6600・2579-8800・2570-3939
傳　　真／（02）2579-0338・2577-3220・2570-3636
總 編 輯／陳秋月
主　　編／吳靜怡
專案企畫／賴真真
企畫統籌／胡芳芳
責任編輯／韋孟岑
校　　對／韋孟岑・周奕君
美術編輯／王琪
封面攝影／水草攝影工作室
行銷企畫／吳幸芳・凃姿宇
印務統籌／劉鳳剛・高榮祥
監　　印／高榮祥
排　　版／陳采淇
總 經 銷 ／叩應股份有限公司
郵撥帳號／ 18707239
法律顧問／圓神出版事業機構法律顧問　蕭雄淋律師
印　　刷／祥峰印刷廠
2015年11月　初版

定價 270 元　ISBN 978-986-133-557-5

如果能找到自己的優勢並加以發揮，相信每個人都有機會成就不同的一片天。

——《倫敦大學教我的13個逆轉心理學：這樣轉進人生勝利組》

國家圖書館出版品預行編目資料

倫敦大學教我的13個逆轉心理學：這樣轉進人生勝利組／程大洲 著
-- 初版--圓神，188
2015.11
232面；14.8×20.8公分
ISBN 978-986-133-557-5（平裝）
1.心理學

170.1　　104019614